Kos

Klaus Bötig

▶ Dieses Symbol im Buch verweist auf den großen Faltplan!

Kalós Oríssate – Willkommen

Mein heimliches Wahrzeichen	4
Erste Orientierung	6
Schlaglichter und Impressionen	8
Geschichte, Gegenwart, Zukunft	12
Übernachten	14
Essen und Trinken	16
Reiseinfos von A bis Z	18

Unterwegs auf Kos

Kos 15 x direkt erleben

Kos-Stadt und Umgebung 30

Kos-Stadt 30
Lambí 50

direkt 1	**Romantik pur – das Johanniterkastell Nerátzia**	32
	Kapernzweige, Klatschmohn und Kanonenkugeln.	
direkt 2	**Altertümer am Straßenrand – Römisches Kos**	39
	Sehen, wie reiche Römer das Leben genossen.	
direkt 3	**Griechisch genießen – kulinarischer Streifzug durch Kos**	46
	Zucchiniblüten, Ziegenkäse und Zimtlimonade.	

Der Osten von Kos 52

Psalídi 52   Ágios Fókas 53   Embrós Thérme 54
Platáni 55   Asklipieion 55   Tigáki 55   Ziá 64
Lagoudí 65   Paléo Pilí 65   Pilí 70
Marmári 72   Mastichári 73

direkt 4	**Ein griechisch-türkisches Dorf – Platáni**	56
	Hier leben Christen und Moslems friedlich zusammen.	
direkt 5	**Antiker Kurort – das Asklipieion**	59
	Die bedeutendste antike Stätte der Insel liegt traumhaft schön.	
direkt 6	**Der Himmel auf Erden – Lagoudi und seine Kirche**	66
	Erst in die Kirche, dann ins Künstlercafé.	

Der Westen von Kos 76

Antimáchia 76
Kardámena 79
Kéfalos 85

| direkt 7 | **Ländliches Leben – ein Haus in Antimáchia** | 77 |

So wohnte man auf Kos noch bis vor 60 Jahren.

| direkt 8 | **Herrliche Strände – vom Magic bis zum Stéfanos Beach** | 80 |

Bei dieser Tour ist das Badezeug die wichtigste Ausrüstung.

| direkt 9 | **Der Natur ganz nah – die Kéfalos-Halbinsel** | 88 |

Trotz der vielen Urlauber und Hotels sind manche Ecken unglaublich ländlich und einsam geblieben.

Ausflüge: Nachbarinseln und Türkei 90

Tagesausflüge 90
Inselhüpfen 91

| direkt 10 | **Heiße Fährte – die Vulkaninsel Níssyros** | 93 |

Das Eiland südlich von Kos besitzt einen waschechten Vulkan, dessen Krater bis heute Schwefeldämpfe aushaucht.

| direkt 11 | **Insel der Schwammtaucher – Kálymnos** | 97 |

Auch im Winter geht es auf der Fischerinsel und dem Kletterparadies geschäftig zu.

| direkt 12 | **Ein Inselwinzling – Psérimos** | 101 |

Die einzige Straße ist hier kürzer als der Strand.

| direkt 13 | **Schauplatz einer Vision – Pátmos** | 103 |

Trotz ›Apokalypse‹ herrscht auf der Insel überhaupt keine Weltuntergangsstimmung.

| direkt 14 | **Die Insel der Ritter – Rhodos über Nacht** | 105 |

Die schönste Altstadt Griechenlands muss man abends erleben.

| direkt 15 | **Märkte und Basare – das türkische Bodrum** | 109 |

Orientalisches Flair war gestern. Tagesausflug in das St. Tropez der Türkei.

Sprachführer 112
Kulinarisches Lexikon 114
Register 116
Autor, Abbildungsnachweis, Impressum 120

Kalós Oríssate – Willkommen
Mein heimliches Wahrzeichen

Die Insel Kos wird von ganz verschiedenen Kulturen geprägt. Minarett und Kirchtürme markieren zusammen mit antiken Ruinen und den Bauten des italienischen Faschismus ihre architektonische Bandbreite. Palme und nackter Fels stehen für die Vielseitigkeit der Natur, das strahlende Weiß der Häuser im Wechselspiel mit roten und blauen Farbklecksen für die gelassene Heiterkeit der Inselbewohner.

Erste Orientierung

Dodekanes
Kos gehört zur Inselgruppe des Dodekanes (gr. *dodekaníssia),* die innerhalb Griechenlands einen eigenen Regierungsbezirk bildet. Bezirkshauptstadt ist Rhodos. Der Name ›Dodekanes‹ bedeutet übersetzt ›12 Inseln‹. In Wahrheit besteht der Archipel jedoch aus 19 das ganze Jahr über bewohnten Inseln. Von Kos aus sind sie fast alle mit Linienschiffen zu erreichen. Die östlichste Insel ist das kleine Kastellórizo, 170 km von Rhodos entfernt, aber nur 3 km vor der türkischen Küste auf halbem Wege nach Zypern gelegen. Die nördlichsten Inseln sind das große Pátmos und seine kleinen Trabanten Arkí und Agathoníssi. Gen Westen bilden Kárpathos und Kássos eine Inselbrücke nach Kreta, Astipaliá zu den Kykladen. Insgesamt leben auf den Inseln des Dodekanes etwa 200 000 Menschen, mehr als die Hälfte davon auf der Hauptinsel Rhodos. Kos zählt 31 000 Bewohner.

Urlaubsorte auf Kos
Alle Küstenorte der Insel sind zugleich auch Urlaubsorte. Wer die Nähe des quicklebendigen Städtchens sucht, wohnt entweder direkt in **Kos-Stadt** (▶ K 1) oder in den direkt an sie anschließenden Vororten **Lambí** und **Psalídi**. Sie ermöglichen den Besuch der Stadt per Linienbus bis in den späten Abend hinein, selbst per Fahrrad ist sie von dort aus gut zu erreichen. Drei weitere Badeorte ziehen sich von Kos und Lambí aus an der Nordküste entlang: **Tigáki** (▶ H 2), **Marmári** (▶ G 2) und **Mastichári** (▶ E 3). Ihnen fehlt der historisch gewachsene Ortskern, die Hotels stehen entweder direkt am die gesamte Küste säumenden Sandstrandband oder zwischen Feldern im Hinterland.

An der Südküste liegen zwei weitere Küsten- und Urlaubsorte, deren Hotels sich jeweils kilometerlang am Meer entlangziehen: Kardámena und Kámbos. **Kardámena** (▶ G 5) bietet tagsüber eine schöne Hafenpromenade und abends viel Leben in den Gassen des Ortskerns, während das zum Binnendorf Kéfalos gehörende **Kámbos** (▶ B/C 6) sehr weitläufig ist und kein eigentliches Zentrum besitzt.

Lange **Transferzeiten** muss man auf Kos nie befürchten. Der Flughafen liegt im Inselzentrum, die Straßen sind gut ausgebaut. Kein Hotel liegt weiter als 30–40 Minuten vom Airport entfernt.

Fazit: Stadt- und Stranderlebnis zugleich bieten vor allem Psalídi und Lambí. Für einen Strandurlaub mit relativer Stadtnähe bieten sich Tigáki, Marmári und Mastichári an. Kardámena und Kámbos sind kleine Urlaubswelten für sich, von denen aus man die Stadt wahrscheinlich nur ein- oder zweimal während der Ferien besuchen wird.

Baden auf Kos
Im Vordergrund der Urlaubserlebnisse stehen auf Kos die **Strände.** Zwei Drittel der 112 km langen Küstenlinie werden von Sand- und Kiesbändern gesäumt, die größtenteils flach ins Meer abfallen und auch Kindern ein gefahrloses Planschen ermöglichen. Nur vor den großen Hotels stehen die Liegestühle in mehreren Reihen, aber selbst

Erste Orientierung

dort in akzeptablen Abständen. Sogar in den regelrechten Badeorten an der **Nordküste** finden Sie lange Strandabschnitte ohne Sonnenschirmreihen und ganz einsame Plätze in den niedrigen Dünen, wo jeder nach seiner Façon selig und braun werden kann.

Im **Südwesten** der Insel säumt ein über 16 km langer Sandstrand vor völlig unverbauten Hängen die Ägäis – ideal für alle, die Ruhe suchen, gern wie Adam und Eva baden oder einfach nur lange Strandspaziergänge unternehmen möchten.

Wer das Gegenteil sucht, wird am westlichen **Strand von Kos-Stadt** fündig. Da stehen die Liegestühle zumeist so eng aneinander, dass Sie beim Armausstrecken nahezu zwangsläufig den Nachbarn oder die Nachbarin betatschen. Dort ist das aber auch so gewollt, passt zu den beständigen Disco-Rhythmen in den Ohren und zu den Kellnern, die am Liegestuhl kühle Drinks servieren – manchmal sogar als Tarzan verkleidet.

Badefreuden ganz besonderer Art, die Sie sich gleich zu Beginn Ihres Urlaubs einmal gönnen sollten, um danach immer wieder herkommen zu können, bietet die Thermalquelle von **Embrós Thérme** (▶ L 3) im äußersten Südosten der Insel. Anderswo in Europa wäre um sie herum längst ein teurer Kurort entstanden. Hier aber nimmt man sie, wie sie ist: Das Wasser fließt aus dem Fels ins Meer, nur ein paar große Steine markieren einen Pool, in dem die Badegäste sitzen oder liegen und schwatzend das warme Wasser genießen.

Ausflugsmöglichkeiten

Seine zentrale Lage und gute Schiffsverbindungen machen Kos zum idealen Ausgangspunkt für Tagestouren zur Schwammtaucherinsel **Kálymnos** (▶ Karte 3, F–H 6–8), zur Vulkaninsel **Níssyros** (Karte 4), zur heiligen Insel **Pátmos** (▶ Karte 3, A/B 1–3) und ins türkische **Bodrum** (Karte 2). Die Stadt **Rhodos** (s. S. 105) kann man auf einer Zweitagetour kennenlernen.

Berühmt sind die feinsandigen Strände von Kos, hier bei Tigáki

Schlaglichter und Impressionen

Historisches Flair

Die Inselhauptstadt Kos zieht ihren besonderen Reiz aus dem engen Nebeneinander von Geschichte und Gegenwart auf engstem Raum. Unmittelbar vor der Burg aus Kreuzritterzeiten legen große Autofähren, elegante Kreuzfahrtschiffe und schnelle Tragflügelboote an. Im Schatten der Hippokrates-Platane zeichnen Künstler Urlauber-Porträts, gleich daneben tagt das Amtsgericht in einem orientalisch-verspielten Gebäude aus der Zeit des italienischen Faschismus.

In den Bars am Rande der antiken Agorá, also des Marktplatzes der damaligen Zeit, tanzen junge Engländerinnen auf den Tresen – und in den jederzeit frei zugänglichen Ruinen von Tempeln und Säulenhallen lässt sich im Mondschein gut schmusen. Das ist ein großer Pluspunkt von Kos, auch für Kulturreisende: Die Ausgrabungen im Stadtgebiet sind fast alle ins tägliche Leben einbezogen, nicht eingezäunt, abgesperrt oder eintrittspflichtig.

Schön ist auch, dass die Griechen nach der Befreiung vom türkischen Joch hier nicht die Spuren der Andersgläubigen verwischten, sondern ihre Gotteshäuser stehen ließen. Ehemalige Moscheen werden heute zwar teilweise als Geschäfte und Cafés genutzt, ihre Minarette aber ragen noch in den meist blauen Himmel wie in den vielen Jahrhunderten, in denen Kos zum Osmanischen Reich gehörte. So können Sie gut einen ganzen Ausflugstag in der Inselhauptstadt verbringen und auf den Spuren der Geschichte wandeln, ohne sich in museale Ghettos begeben zu müssen.

Natur

Wer auf Kos vor allem die Natur genießen möchte, kommt am besten im späten Frühjahr. Dann steht die Insel in voller Blüte und ist noch nicht so sonnenverbrannt wie nach dem Sommer. In der für ganz Griechenland typischen Phrygana, einer niederen dornigen Pflanzengesellschaft, blühen dann weiße und rosafarbene Zistrosen, duften Kräuter wie Thymian und Oregano. Anemonen, Klatschmohn und Kalla bilden auf Wiesen und Feldern dichte Blütenteppiche, Oleander und Ginster beginnen zu blühen.

Aber auch der Sommer hat seine Reize. Dann schmücken Hibiskus und Bougainvillea Mauern und Häuser. Nennenswerte Wälder gibt es auf Kos kaum, nur in der Gemarkung Plaka nahe dem Flughafen und am Hang des Dikéos westlich von Ziá wären Waldspaziergänge möglich. Die meisten Bäume der Insel wurden von Menschenhand gepflanzt: Platanen auf Dorfplätzen und an Brunnen, Eukalyptus entlang mancher Straßen. Das Dorf Platáni und die Ausgrabungsstätte des Asklipieion verbindet eine lange Zypressenallee.

Dem Naturschutz widmet man auf Kos bisher noch relativ wenig Aufmerksamkeit. Nur zwei Feuchtgebiete nahe dem Meer, nämlich die Psalídi Wetlands und die ehemalige Saline von Tigáki, genießen etwas Aufmerksamkeit. Um den Tierschutz kümmern sich mehrere private Organisationen, in denen sich besonders auf der Insel lebende Ausländerinnen engagieren. Immer gefragt sind Spenden und vor allem Flugpaten für Hunde. Mehr Infos: www.gasah.ch und www.animals.cos-island.info.

Schlaglichter und Impressionen

Orthodoxie

In der orthodoxen Kirche wurden im Gegensatz zur römisch-katholischen schon seit dem 8. Jh. keine neuen Dogmen mehr verkündet. Die wichtigsten Unterschiede: Orthodoxe Christen erkennen die Oberhoheit des Papstes nicht an. Ihre Priester dürfen vor der Priesterweihe heiraten, können dann aber in der Hierarchie nicht mehr aufsteigen und z. B. Bischof werden. Die Taufe wird in der orthodoxen Kirche durch weitgehendes Untertauchen vollzogen. Die Erstkommunion findet zusammen mit der Taufe statt. Im gleichen Taufwasser Getaufte dürfen einander ebenso wenig kirchlich heiraten wie Paare, bei denen beide den gleichen Taufpaten hatten. Feuerbestattungen sind orthodoxen Christen verboten. Der Gedanke der Ökumene findet nur wenig Anklang, da die meisten griechischen Christen sich für die einzig Rechtgläubigen halten.

Palmen in Kos-Stadt mit dem Minarett der Hadji-Hassan-Moschee

Schlaglichter und Impressionen

Eine echte Urlaubsinsel
Ein Kompliment muss man den Koern machen: Hier hat man für den Urlauber mehr getan als auf vielen anderen Inseln der Ägäis. Nirgends sonst wurden so viele Radwege angelegt, nur auf Kos sind vor fast jeder Taverne und an vielen Stränden Fahrradständer zu finden. Die wichtigsten Flaniergassen in der Inselhauptstadt sind reine Fußgängerzonen; es gibt sogar gedruckte Busfahrpläne. Sie hängen an allen Haltestellen aus, die im Übrigen durchnummeriert sind, so dass man sich keinen griechischen Namen merken muss.

Fährpläne zum Mitnehmen sind zudem an beiden Busbahnhöfen, bei der Tourist-Information und in vielen Hotels kostenlos erhältlich. Griechenland-Neulinge mögen das für normal halten, Griechenland-Kenner geraten ins Staunen. Kos ist zudem eine Insel für jedes Alter. Familien fühlen sich hier ebenso wohl wie Senioren, junge Pärchen oder Singles. Jeder kann seinen eigenen Rhythmus leben. Die Tavernenwirte zwingen niemanden in das Schema starrer Essenszeiten, außerhalb der Hotels kann man meist auch noch am frühen Nachmittag frühstücken. Nachtmenschen finden genügend Discos, die erst kurz vor Sonnenaufgang schließen, Frühaufsteher aber zumindest in der Stadt auch Cafés, die schon morgens um sieben Uhr geöffnet sind.

Umgangsformen
Der Umgang der Griechen untereinander und Besuchern gegenüber gestaltet sich recht leger. Man legt Wert auf saubere Kleidung, verzichtet aber gern auf Jackett und Krawatte. Freilich läuft man auch nicht in Badebekleidung durch die Dörfer oder zeigt wie so mancher Brite seine prächtigen Tätowierungen auf Rücken und Brust.

Im Griechischen gibt es zwar wie im Deutschen den Unterschied zwischen

Daten und Fakten

Lage: Kos (sprich Koss wie Kiss, nicht Koos wie Moos) liegt ungefähr auf der gleichen geografischen Höhe wie die Südspitze Siziliens und Malaga.
Fläche und Einwohner: Auf einer Fläche von 290 km^2 leben 31 000 Menschen, also etwa 106/km^2. Etwa 800 von ihnen sind türkischstämmige Moslems mit griechischem Pass. Im Sommerhalbjahr kommen zu den Einheimischen etwa 600 000 Urlauber hinzu.
Dodekanes: Kos ist eine Insel in der Präfektur Dodekanes, deren Hauptstadt Rhodos ist. Die Inselgruppe reicht von Pátmos im Norden bis Kastellórizo im Südosten und Kássos im Südwesten.
Höchster Berg: Der höchste Berg ist mit 842 m der Óros Dikéos, der einen langen Felsriegel vor der östlichen Südküste bildet.
Entfernungen: Kos ist maximal 43 km lang und 9 km breit. Von Embrós Thérme im Südosten bis zum Kloster Ágios Ioánnis Thymianós im Osten, wo der Asphalt endet, fährt man 55 km. Von Kos-Stadt ist der Hafen der Stadt Rhodos 119 km entfernt, Piräus 370 km.
Zeitzone: Osteuropäische Zeit (OEZ). In Griechenland ist es ganzjährig eine Stunde später als in Mitteleuropa. Der Wechsel zwischen Sommer- und Winterzeit erfolgt zeitgleich mit den anderen EU-Staaten.

Schlaglichter und Impressionen

der ›Du‹- und ›Sie‹-Anrede, im Umgang miteinander bevorzugt man aber meist den Vornamen. ›Franz‹ und ›Luisa‹ können sich Hellenen ohnehin leichter merken als ›Armannsberger‹ oder ›Kowalschinski‹.

Die Zeichensprache spielt auch zwischen Griechen eine große Rolle. Ein sanftes, schräg zur Seite hin geneigtes Kopfnicken mit angedeutetem Schmatzmund bedeutet ›Ja, ich glaube schon‹. Legt jemand sanft den Kopf in den Nacken und zieht dabei mit halb geschlossenen Augen die Stirn nach oben, ist das ein wortloses ›Nein‹. Beim Zählen mit den Fingern beginnt man nicht mit dem Daumen, sondern mit dem Zeigefinger, der Daumen wird erst für die Fünf gebraucht. Und sagt ein Grieche *nä,* dann heißt das ›Ja‹.

Die Griechen geben sich zur Begrüßung nicht nur gern die Hand, sondern auch angedeutete Küsschen auf die Wangen (zwei, besser noch drei). Wo wenig Menschen unterwegs sind, begrüßen sich auch einander Fremde und gehen nicht einfach wortlos aneinander vorbei. Wer beim Grüßen perfekt sein will, übt besondere Grußformeln: Montagvormittags wünscht man sich eine gute Woche, *kalí efdomáda,* am Monatsersten einen guten Monat, *kaló mína.* Und wer am Saisonschluss die Insel verlässt, verabschiedet sich mit *kaló chimóna,* was ›guten Winter‹ heißt.

Umwelt

Für die Umwelt kann auf Kos noch manches getan werden, obwohl die Insel innerhalb Griechenlands im Bereich des Umweltschutzes und des Umweltbewusstseins schon ganz vorne liegt. Wie bei vielen Inseln auch in Nord- und Ostsee hat man freilich das Problem, mit relativ wenig Einwohnern eine Infrastruktur für weitaus mehr Touristen

Die griechische Flagge

vorhalten zu müssen. Für den Urlauber am wichtigsten: Strände und Meer sind auf Kos sauber und gepflegt. So wurden immerhin sieben Strände der Insel mit der Blauen Flagge ausgezeichnet. Einem ungetrübten Badevergnügen steht nichts im Wege.

Für die Sauberkeit des Wassers sorgt auch die moderne Kläranlage im Osten der Insel zwischen Psalídi und Kap Fókas, die man von der Küstenstraße aus nur an ihrem üppigen Blütenschmuck erkennt. Der Hausmüll wurde bis 2009 unter freiem Himmel nahe der Stadt und der bedeutendsten archäologischen Stätte der Insel verbrannt, die bis dahin stets durch eine hohe Rauchsäule markiert wurde. Jetzt wird er weitgehend biologisch im Erdreich auf einem Hügel nahe Antimáchia abgebaut. Immer mehr Koer sammeln inzwischen ihren Müll auch getrennt und bringen Kunststoff-, Papier und Metallabfälle selbst dorthin.

Die Windenergie, von der EU stark gefördert, wird im Inselwesten nahe Kéfalos zur Einspeisung ins Stromnetz genutzt. Das gut vor Touristenaugen verborgene Inselkraftwerk nördlich von Antimáchia verbrennt Heizöl. Die Sonnenenergie wird immer noch viel zu wenig genutzt. Sie bräunt zwar viele Nordeuropäer und dient in vielen Hotels und Privathäusern zur Warmwasserbereitung, wird aber fast nirgends zur Stromerzeugung gebraucht.

Geschichte, Gegenwart, Zukunft

Antike und Hellenismus

Im 11. Jh. v. Chr. wird Kos vom griechischen Stamm der Dorer besiedelt. Sie gründen ihre erste Stadt im Westen der Insel auf der Kéfalos-Halbinsel. Dort wird 460 v. Chr. der berühmte Arzt Hippokrates geboren, der die antike Medizin wesentlich prägte. 366 v. Chr. beschließen die Koer die Gründung einer neuen Stadt an der Stelle des heutigen Kos, das verkehrsgünstiger und näher an der kleinasiatischen Küste liegt, die damals eines der Hauptsiedlungsgebiete der Griechen war.

336 v. Chr. besteigt Alexander der Große den makedonischen Königsthron, nachdem sein Vater Philipp erstmals die griechischen Stadt- und Inselstaaten zu einem Staat vereint hat. Kos wird Teil des Makedonischen Königreichs, das Alexander bis nach Persien und Ägypten hin ausdehnt. Nach seinem frühen Tod im Jahr 322 v. Chr. wird Alexanders Weltreich unter seinen Generälen aufgeteilt. Kos gehört zu dem von Ägypten aus regierten Ptolemäischen Reich.

Römische und byzantinische Zeit

Nachdem das griechische Festland schon 146 v. Chr. zur römischen Provinz geworden ist, wird 82 v. Chr. auch Kos römisch. Als das Römische Reich 395 n. Chr. geteilt wird, fällt Kos wie ganz Griechenland an Ostrom und bleibt für über 900 Jahre Teil des sich daraus entwickelnden Byzantinischen Reichs mit Konstantinopel als Hauptstadt. Die prächtigen Bauten der antiken Stadt und das Asklipieion werden 554 von einem Erdbeben verwüstet.

Kreuzritterzeit und Türkenherrschaft

Nach der offiziellen Abspaltung der römisch-katholischen Kirche 1054 erobert 1204 ein katholisches Kreuzfahrerheer auf venezianische Anstiftung hin Konstantinopel. Das Byzantinische Reich wird entscheidend geschwächt. 1309 erobern die von den Arabern aus dem Heiligen Land vertriebenen Johanniter Rhodos und erwerben Kos durch Kauf. Sie bauen zahlreiche Burgen auf den Inseln und im heutigen Bodrum auf dem kleinasiatischen Festland. Trotzdem erobern die Truppen Sultan Süleymans am 1. Januar 1523 nach sechsmonatiger Belagerung Rhodos. Die Johanniterritter verlassen daraufhin auch Kos und die anderen Inseln des Dodekanes. Kos wird türkisch.

Knapp 300 Jahre später erhebt sich Griechenland, das seit dem 15. Jh. ebenfalls weitgehend Teil des Osmanischen Reichs ist, gegen die türkische Herrschaft und erkämpft für einen Teil von Hellas die Unabhängigkeit. Kos und der Dodekanes aber bleiben türkisch.

20. Jahrhundert

1912 vertreiben die Italiener die Türken von den Inseln des Dodekanes und errichten hier ihre eigene Herrschaft. Ihre öffentlichen Bauten prägen noch heute das Stadtzentrum von Kos, dessen altes türkisches Viertel am 23. April 1933 vollständig zerstört und abgetragen wird. 1940 wird ganz Griechenland von deutschen, italienischen und bulgarischen Truppen besetzt. Nach der Kapitulation Italiens 1943 besetzen deutsche Truppen Kos und verschleppen die koischen Juden nach Auschwitz.

Geschichte, Gegenwart, Zukunft

1944 befreien die Briten die Inseln. Sie verwalten den Dodekanes drei Jahre. Sie verhindern dadurch, dass der 1945 ausgebrochene griechische Bürgerkrieg, der in Griechenland mehr Opfer fordert als der Zweite Weltkrieg, auf den Dodekanes übergreift. 1947 wird Kos Teil des freien neugriechischen Staates. 1954 tritt Griechenland der NATO bei. 1967 errichten Obristen in Athen eine Militärdiktatur. Als sie 1974 endet, entwickelt sich in Griechenland eine moderne Demokratie nach westeuropäischem Vorbild. Die Monarchie wird abgeschafft. 1980 tritt Griechenland der Europäischen Gemeinschaft bei.

Aktuelle Entwicklung

Zwei Parteien beherrschen bis heute die Politik: die sozialdemokratische PASOK und die konservative Néa Dimokratía (ND). Im Athener Parlament vertreten sind zudem die kommunistische KKE, das Linksbündnis SYNRIZA und die rechtspopulistische LAOS.

Beide Parteien haben abwechselnd den griechischen Staat bis vor den 2010 drohenden Staatsbankrott getrieben. Korruption und Vetternwirtschaft, ein aufgeblähter Beamtenapparat, Steuerhinterziehung und eine marode Wirtschaft waren dafür maßgeblich. Nur aufgrund von gefälschten Zahlen kann der Euro 2004 die Drachme als Landeswährung ablösen. Die Olympischen Spiele im Jahr 2004 sorgen zwar für einen Modernisierungsschub im Lande, bringen aber keinen dauerhaften Aufschwung. Extrem niedrige Renten, steigende Preise, ein miserables Bildungssystem und mangelnde Zukunftsperspektiven für die Jugend sorgen seitdem für wachsende soziale Unruhe, die im Winter 2008/09 nach der Erschießung eines 15-Jährigen durch einen Polizisten zu heftigen Krawallen vor allem in Athen und Thessaloníki führt. Die absolut notwendigen und von der EU streng überwachten Sparmaßnahmen des Jahres 2010 sorgen für monatelange Massendemonstrationen und viele Streiks. Betroffen sind davon jedoch wiederum im Wesentlichen nur die beiden griechischen Metropolen – auf kleinen Inseln wie Kos beeinflussen sie den Alltag kaum.

Antikes Mosaik aus der Römerzeit: der Arzt Hippokrates am Hafen von Kos

Übernachten

Auf Kos werden fast 80 000 Fremdenbetten vermietet. Das Angebot reicht von einfachen Pensionen mit Etagenbädern bis zum Luxus-Hotel internationalen Standards. Auch Ferienclubs gibt es auf Kos: z. B. Robinson Club und Magic Life. Besonders zahlreich sind internationale All-inclusive-Anlagen, die viele kleine einheimische Café-, Tavernen- und Hotelbesitzer in den Ruin treiben.

Darüber hinaus steht eine große Zahl kleiner Apartmenthäuser zur Auswahl. Hotels und Pensionen in historischen Gebäuden mit traditioneller, regionaltypischer Möblierung fehlen auf Kos völlig. Und auch Jugendherberge und Campingplatz sucht man auf der Insel vergeblich.

Wer mehr als nur Tagesausflüge zu den Nachbarinseln unternehmen möchte, findet auf all diesen Insel ebenfalls ansprechende Quartiere. Vorausbuchungen sind außer im August nicht unbedingt notwendig. Viele Strandhotels sind jedoch nur zwischen Mai und Mitte Oktober geöffnet, einige Hotels oder Pensionen in den Inselhauptorten auch ganzjährig.

Kategorien

Alle griechischen Beherbergungsbetriebe werden vom Staat klassifiziert. Die Kategorien reichen bei Hotels von Luxus über A bis E hinunter, bei Pensionen und Apartments von A bis C. Diese Kategorien sagen zwar etwas über Zimmergröße, Einrichtung und Zusatzangebote aus, aber nichts über Erhaltungszustand und Service sowie nur ansatzweise etwas über den Preis.

Preise

Die Zimmerpreise werden alljährlich neu vom Vermieter festgesetzt und von der Fremdenverkehrsbehörde genehmigt. Die offizielle Preisliste muss in jedem Zimmer und – wenn vorhanden – an der Rezeption aushängen. Die genannten Preise sind saisonabhängig; die Saisonzeiten sind von Quartier zu Quartier unterschiedlich. Als Hauptsaison gelten auf jeden Fall die Monate Juli und August. Bei geringer Nachfrage räumen fast alle Hoteliers und Vermieter Rabatte bis zu 40 oder gar 50% gegenüber den offiziellen Tarifen ein.

Einfache Doppelzimmer (DZ) mit Dusche/WC sind in der Vor- und Nachsaison ab etwa 30 € zu haben, in der Hauptsaison ab ca. 40 €. Übernachtungen in Luxushotels können pro Zimmer in der Vor- und Nachsaison bis 150 €, in der Hauptsaison auch über 250 € kosten. Für die Alleinbenutzung eines Dop-

Preisvergleiche sind über das Internet möglich: Preisvergleiche aus über 100 Hotelportalen weltweit bietet www.swoodoo.com, Videos zu vielen dort angebotenen Häusern sind auf www.tvtrip.de zu sehen. Andere gute Vergleichsangebote stellt auch www.trivago.de zur Verfügung. Hotelportale wie www.hrs.com, www.hotel.de und www.booking.com bieten die Möglichkeit, Kommentare von Hotelgästen zu lesen. Direkte Buchungsmöglichkeiten bieten auch viele Reiseveranstalter, darunter www.tui.de und www.attika.de.

Übernachten

Entspannte Tage in einem Hotel in Mastichári

pelzimmers werden etwa 20 % Ermäßigung gewährt, für ein Zustellbett muss man ca. 20 % Aufschlag zahlen. Zimmer mit direktem Meerblick sind meist teurer als Zimmer zur Landseite hin.

Studios und Apartments

Auf Kos werden zahlreiche Studios und Apartments angeboten, oft preiswerter als vergleichbare Hotelzimmer. **Studios** bestehen aus einem Zimmer mit Dusche/WC sowie einem Kühlschrank und einer Kochgelegenheit, mit der man sich zumindest ein Heißgetränk und einfache Mahlzeiten wie Spiegeleier zubereiten kann.

Apartments können aus einem oder mehreren Zimmern bestehen; ein reines Wohnzimmer gehört nicht unbedingt dazu. In der Regel ist die Küche etwas großzügiger ausgestattet als im Studio, jedoch auf keinen Fall mit der in skandinavischen Ferienhäusern zu vergleichen. **Maisonettes** sind Studios oder Apartments mit einem eingezogenen Zwischengeschoss, auf dem dann in der Regel zwei Betten oder ein Doppelbett stehen. Frei stehende **Ferienhäuser** werden auf Kos nicht vermietet. Bettwäsche und Handtücher werden in allen Apartments vom Vermieter gestellt, Kosten für eine Endreinigung fallen nicht an. Eine große Auswahl an Apartments ist bei www.atreaveo.de zu finden.

Pauschal oder individuell?

Wer seinen ganzen Urlaub auf Kos verbringen will, reist in der Regel pauschal günstiger als individuell – erst recht, wenn ein Last Minute-Angebot oder ein Frühbucherrabatt wahrgenommen werden kann. Beim Preisvergleich sollte man bedenken, dass bei der Pauschalreise auch die Transfers zwischen Flughafen und Hotel inklusive sind, für die man sonst auf Kos in der Regel ein Taxi nehmen müsste.

Wer ganz sicher gehen will, kann freilich auch vor der Buchung direkt auf Kos via Telefon, Fax oder Internet Vergleichspreise einholen. Bei der Buchung direkt am Tresen kann man zusätzlich auch noch einen Nachlass aushandeln, wenn viele Zimmer leer stehen.

Essen und Trinken

Die Auswahl an Tavernen, Restaurants und Cafés ist insbesondere in der Stadt Kos riesengroß. Das Spektrum reicht dort von rustikal-einfach bis zu international-vornehm. Neben griechischer Kost ist auch chinesische, indische, australische, mexikanische, niederländische, britische und italienische Küche vertreten. In den Badeorten ist die Zahl von Cafés und Tavernen in den letzten Jahren jedoch rückläufig – es gibt zu viele All-inclusive-Hotels. Auch auf den Inseln um Kos muss niemand darben, internationale Küche spielt dort aber kaum eine Rolle.

Typische Inselküche

Nudeln, Kartoffeln und Gemüse spielen in der Alltagsküche der Insel die größte Rolle. Aufläufe sind ebenso beliebt wie mit Reis und Kräutern gefüllte Gemüse: gefüllte Tomaten und Paprikaschoten, kleine Krautrouladen, gefüllte Weinblätter oder Zucchiniblüten. Traditionell sind Gerichte wie *kolokithókeftedes,* eine Art Zucchini-Reibekuchen, und gebratene Zucchini- und Auberginenscheiben. Standardgerichte der Küche sind auch *jouvétsi,* in der Tonform gebackenes Lamm- oder Rindfleisch mit reisförmigen Nudeln, und *stifádo,* Rind- oder Kaninchenfleisch mit Gemüsezwiebeln in einer Tomaten-Zimt-Sauce.

Ansonsten bereitet man Fleisch ebenso wie Fisch am liebsten auf dem Holzkohlengrill zu. Innereien werden vor allem in den kühlen Monaten gern gegessen. Frischer Fisch wird überall angeboten, ist aber ziemlich teuer. Der Preis wird in der Regel nach Gewicht berechnet. Ist er ungewöhnlich niedrig, handelt es sich meist um Fisch aus Zuchtfarmen. Auf jeden Fall sollte man beim Abwiegen dabei sein, um unangenehmen Überraschungen vorzubeugen. Wer all das nicht mag, findet natürlich überall Pizza, Pommes und Spaghetti, Hamburger, Crêpes und Gyros.

Frühstück

Das traditionelle griechische Frühstück ist recht kärglich, doch bieten die großen Hotels mehr oder minder üppige Frühstücksbuffets. In den Badeorten kann man außerdem den ganzen Tag über in Cafés und Tavernen ein englisches Frühstück mit Bohnen und Speck oder das urgriechische *jaoúrti* me *méli,* Joghurt mit Honig und Walnüssen, bestellen.

Gute Snacks sind unterschiedlich gefüllte Blätterteigtaschen wie die *tirópita* (mit Ziegenkäse), die *lukanikópita* (Würstchen im Schlafrock), die *spanakópita* (mit Spinat) oder *bugátsa* (mit Griespudding oder Käse, s. S. 46). Man

---

In vielen griechischen Speiselokalen von der einfachsten Taverne bis zum Luxus-Restaurant wird pro Gast ein Fixbetrag der Verzehrrechnung zugeschlagen, der sich **Couvert** nennt. Man muss ihn zahlen, ganz gleich, ob man nur einen Salat oder ein üppiges Menü gegessen hat. Wie viel fürs Couvert in Rechnung gestellt wird, muss auf der Speisekarte stehen. Es können 30 Cent, aber auch 3 Euro sein.

Essen und Trinken

bekommt sie ebenso wie variantenreiche *kruasan* (Croissants) in Cafés und direkt bei den Backstuben. Als zweites Frühstück ebenfalls sehr beliebt und überall zu bekommen ist ein griechischer Einheitstoast mit Käse und Schinken: *tost me tirí ke dsambón*.

Essen gehen

Die meisten Speiselokale auf den Inseln sind von etwa 10 Uhr bis Mitternacht durchgehend geöffnet. Griechen gehen spät essen: mittags oft erst gegen 14 Uhr, abends ab 21 Uhr. Einen Tisch im Voraus zu bestellen ist nur üblich, wenn man mit einer größeren Gruppe kommt. Die Speisekarten sind fast überall zumindest zweisprachig, nämlich griechisch und englisch. Oft findet man auch Übersetzungen ins Deutsche. Viele Tavernen und Restaurants präsentieren ihr Angebot zudem in Kühlvitrinen oder Warmhaltetresen.

Köstlichkeiten Griechenlands

Lokal-Typen

Es gibt viele verschiedene Bezeichnungen, wobei heute zwischen einem *estiatório* (besseres Restaurant) und einer *taverna* (einfaches traditionelles Lokal) kaum ein Unterschied mehr besteht. Originelle Vorspeisen und Tellergerichte in großer Auswahl findet man im *mezedopolío*, im *tsipurádiko* oder in der *ouzerí*. Eine *psitariá* ist eine bessere Imbissstube, wo man Gyros, Fleischspießchen, Frikadellen und Pommes frites zu günstigen Preisen bekommt.

Getränke

Internationale Softdrinks sowie Bier aus Flaschen oder vom Fass sind überall erhältlich. Die Auswahl an Flaschenweinen aus ganz Griechenland ist groß. Auf Kos selbst produziert die Weinkellerei Chatziemmanouíl gut trinkbare, weiße und rote Tafelweine. Überall kann man Retsína kosten, einen mit dem Harz der Aleppo-Kiefer versetzten Weißwein.

Filterkaffee gibt es nicht überall. Stattdessen trinkt man löslichen Kaffee, der unabhängig von der Marke *ness* genannt wird. Man bekommt ihn heiß *(sestó)* oder kalt und schaumig geschlagen *(frappé)*, wahlweise mit oder ohne Milch *(me gála* oder *chorís gála)*. Der griechische Kaffee *(kafés ellinikós)* wird mit dem Kaffeesatz serviert, man trinkt ihn immer ohne Milch. Bei der Bestellung muss man (wie auch beim Frappé) den gewünschten Süßegrad angeben: *skétto* = ohne Zucker, *métrio* = mittel, *glikó* = süß.

Reiseinfos von A bis Z

Anreise

Mit dem Flugzeug
Zwischen Anfang Mai und Mitte Oktober wird Kos direkt von fast allen Flughäfen in den deutschsprachigen Ländern angeflogen. Die Flugzeit nach Kos beträgt ab Bremen ca. 200 Min., ab Innsbruck ca. 165 Min. Wer per Linie anreist, muss in Athen umsteigen. Von dort fliegen Olympic Air und Athens Airways mit Jets ganzjährig zwei- bis sechsmal täglich nach Kos.

Flughafen: 1 km südwestlich von Antimáchia, Drei-Letter-Code KGS. Die Bahn ist 2400 m lang und 45 m breit; ein Instrumentenlandesystem (ILS) nicht installiert. Die Maschinen landen fast immer aus südlicher Richtung und starten in Richtung Norden. Im Gebäude gibt es eine Bar, einen Kiosk sowie hinter der Handgepäckkontrolle für abreisende Passagiere einen großen Laden, in dem man Spirituosen, Parfums und griechische Kulinaria wie Olivenöl und eingelegte Oliven kaufen kann.

Im Terminal herrscht fast immer großes Gedränge, oft bilden sich lange Schlangen vor den Check-in-Schaltern und dann auch noch einmal vor der Sicherheitskontrolle. Man sollte mindestens eine Stunde vor Abflug erscheinen!

Mietwagen werden am Flughafen bereitgestellt, wenn man sie vor der Anreise reserviert hat.

Ein **Bankschalter** ist zu den Ankünften internationaler Flüge meistens geöffnet, gleich daneben steht ein Bargeldautomat.

Nach der Ankunft: Der Fahrplan des Flughafenbusses ist auf die Linienmaschinen von und nach Athen abgestimmt. 2010 fuhr er vom Airport um 5.45, 10.50, 13.50, 16.50 u. 20.15 in die Stadt, um 7.10, 12.20, 15.20, 18.20 u. 21.35 von der Stadt zum Airport (Preis 2,90 €, Tel. 22420 222 92).

Mit der Fähre
Direkte Fährverbindungen zwischen Kos und Italien gibt es nicht. Wer mit dem eigenen Fahrzeug anreisen will, muss zunächst von Italien nach Patras auf dem Peloponnes übersetzen, über Land nach Piräus weiterfahren und von dort eine der täglichen Fähren nach Kos nehmen. Abfahrthäfen in Italien sind Venedig, Triest, Ancona und Brindisi. Infos im Internet: www.faehren.de, www.gtp.gr, www.greekferries.gr.

Gepäckaufbewahrung
Das **Hafencafé** auf dem Fähranleger verwahrt während seiner Öffnungszeiten (meist 8–22 Uhr und bei nächtlichen Fähranskünften) Gepäck (2,50 €/Stück). Man kann dort aber kein Gepäck über Nacht lassen.

Einreisebestimmungen
Ausweispapiere: Für EU-Bürger und Schweizer genügt ein gültiger Personalausweis. Auch Kinder benötigen einen eigenen Personalausweis oder Reisepass, sofern sie nicht vor 2007 im Pass der Eltern eingetragen wurden.

Zollbestimmungen: Waren zum persönlichen Gebrauch können EU-Bürger zollfrei mitführen; bis zu 800 Zigaretten, 90 l Wein, 10 l Schnaps sind daher frei. Für Schweizer Bürger (und bei Duty-free-Waren) gelten jedoch die alten Grenzen: 200 Zigaretten und 1 l Spirituosen über 22 % Alkohol.

Reiseinfos von A bis Z

Haustiere: Für Hunde benötigt man den EU-Heimtierausweis. Hunde ohne eingepflanzte Mikrochips müssen gemäß EU-Regelung mit einer tierärztlichen Tätowierung am Ohr gekennzeichnet sein.

Feiertage

1. Januar: Neujahr *(protochrónia)*
6. Januar: Taufe Christi *(epiphanía)*
Rosenmontag *(káthari déftera)*
25. März: Nationalfeiertag; Mariä Verkündigung *(evangelismós)*
Karfreitag *(megáli paraskévi)*
Ostermontag *(páska)*
1. Mai: Tag der Arbeit *(protomáia)*
15. Aug.: Mariä Entschlafung *(kímissis tís theotókou)*
28. Okt.: Nationalfeiertag
24. Dez.: Heiligabend *(paramóni christoujénnon)*, ab Mittag
25. Dez.: Weihnachten *(christoujénna)*
31. Dez.: Silvester *(vrádi tis protochrónias)*

Feste und Festivals

Karnevalssonntag
2011 am 6. März, 2012 am 26. Februar, 2013 am 18. März. Karnevalsfeiern insbesondere in Antimáchia, Kéfalos, Pilí und in der Stadt Kos. Viele Kinder und einige Erwachsene sind kostümiert, man geht mit der Familie essen, nachmittags wird mit Musik und Tanz gefeiert. Traditionelle Karnevalsbräuche und -tänze werden vor allem in Antimáchia vor dem Paradosiakó Spíti zelebriert.

Ostersamstag
2011 am 23. April, 2012 am 14. April, 2013 am 4. Mai. Gegen 23 Uhr gehen die meisten Griechen zur Kirche. Kurz vor Mitternacht verlöschen alle Lichter bis auf das ›Ewige Licht‹ einer Öllampe. Dann verkündet der Priester die Auferstehung Christi, alle entzünden nacheinander ihre Kerzen, die Jugendlichen lassen Silvesterknaller explodieren. Am Ostersonntag werden Lämmer und Zicklein gegrillt, falls man sie nicht schon über Nacht im Lehmbackofen gegart hat. Man feiert mit Freunden und der oft von weither zusammengekommenen Familie.

Kirchweihfeste (Panigíria)
Die Feste zum Patronatstag des Heiligen, dem die Pfarrkirche geweiht ist, finden meist am Vorabend mit Musik und Tanz auf dem Dorfplatz statt. Am Festtag gibt es dann nur einen Gottesdienst, danach oft eine Prozession.
Ágios Geórgios: 25. April 2011, 23. April 2012, 6. Mai 2013: Kirchweihfest in Pilí mit Pferderennen auf der Dorfstraße, Wein und regionalen Speisen.
Ágios Ioánnis Theológos: 7./8. Mai: Kirchweihfest in Lagoúdi. Am Abend des 7. Mai Musik und Tanz, am 8. Mai Gottesdienst mit Prozession.
Ágii Apóstoli: 29./30. Juni: Kirchweihfest in Antimáchia.
Agía Paraskeví: 25./26. Juli: Kirchweihfest in Kéfalos.
Ágios Ioánnis: 28./29. August: Kirchweihfeste in Kardámena und Mastichári sowie beim Kloster Ágios Ioánnis Thymianós bei Kéfalos.
Génesis tís Theotókou: 7./8. September: Kirchweihfest in Kardámena.

Nationalfeiertage
Beide Tage werden mit Paraden in den Inselhauptstädten begangen; die jüngeren Schüler tragen an diesem Tag Nationaltracht bzw. öfter noch ihre Schuluniformen.
25. März: Gedenken an den offiziellen Beginn des Befreiungskampfes gegen die Türken 1821.

Reiseinfos von A bis Z

15. August: Mariä ›Entschlafung‹. Den Todestag der Gottesmutter (gr. *kimíssis tis theotókou)* feiert ganz Griechenland. Oft findet das Fest mit Musik und Tanz auf den Dorfplätzen schon am Vorabend statt. Auf Kos wird in Kéfalos besonders ursprünglich gefeiert, wobei man Zicklein mit Reis als Festtagsessen für alle serviert.

28. Oktober: ›Ochi-Tag‹ im Gedenken des ›Neins‹, das 1940 die Antwort des griechischen Staatschefs auf ein Ultimatum Mussolinis war und zu Griechenlands Eintritt in den Zweiten Weltkrieg auf Seiten der Alliierten führte.

Festivals

Kulturfestival Ippokratía: Ende Juli bis Mitte September In der Stadt Kos mit Konzerten, Theatergastspielen, Folklorevorführungen in der Burg am Hafen und im Stadion.

Kulturfestival Alassárnia: Juli und August in Kardámena. Konzerte und Folklorevorführungen, zusätzlich Sportwettbewerbe und ein Schachturnier.

International Health Film Festival: Erste Septemberwoche in der Stadt Kos. Auf dem seit 2009 veranstalteten Festival werden Spiel- und Dokumentarfilme aus aller Welt gezeigt, die sich ums Thema Gesundheit drehen. Info: www.healthfilmfestival.gr

Fundbüro

Ein zentrales Fundbüro ist nicht vorhanden. Fundstücke werden dort verwahrt, wo sie verloren oder vergessen wurden.

Geld

Währung ist der Euro (€), der in Griechenland Ewró heißt, die Untereinheit nennt man statt Cent auch Leptá. Abhebungen mit Maestro- oder Kreditkarten sind an den meisten Geldautomaten der Banken möglich.

Von Restaurants, Hotels der gehobenen Kategorien, Autoverleihfirmen und größeren Geschäften werden Kreditkarten meist akzeptiert (vor allem Visa und Mastercard), in Tavernen und Pensionen nur selten.

Gesundheit

Die Erstbehandlung in akuten Notfällen ist in staatlichen Krankenhäusern kostenlos. Unfallpatienten werden vom **Krankenhaus in der Stadt Kos** und im **National Health Centre** (ESY) von Kéfalos kostenlos versorgt, man muss nur Material und Medikamente zahlen. Auch bei anderen Erkrankungen wird man dort preiswerter behandelt als bei Privatärzten. Die Ärzte sprechen gut Englisch.

Die Behandlung bei niedergelassenen Ärzten muss man in der Regel bar bezahlen. Gegen Quittung in Englisch mit Angabe der Leistungen erstatten die deutschen Krankenkassen die Kosten nach deutschen Honorarsätzen. Die European Health Insurance Card der gesetzlichen Krankenversicherungen wird nur von den wenigen Kassenärzten akzeptiert, eine Auslandskrankenversicherungen gegen Risiken wie Unfall oder Überführung im Todesfall ist zu empfehlen.

Informationsquellen

Griechische Zentrale für Fremdenverkehr (EOT)
Deutschland: 60311 Frankfurt/M., Neue Mainzer Str. 22, Tel. 069 257 82 70, info@gzf-eot.de.

Reiseinfos von A bis Z

Österreich: 1010 Wien, Opernring 8, Tel. 01 512 53 17 , grect@vienna.at.
Schweiz: 8001 Zürich, Löwenstr. 25, Tel. 044 221 01 05, eot@bluewin.ch.

Touristeninformation
Eine relativ gute Tourist-Information arbeitet in der Stadt Kos sowie am Hafen von Kálimnos. Weitere gibt es nicht.

Im Internet
Länderkennung Griechenland: gr
www.kos.gr: Offizielle, aber wenig ergiebige Seite der städtischen Tourist Information Kos.
www.kos-info.de: Gute und liebevoll gestaltete private Website mit vielen Tipps, eingescannten, sonst nur vor Ort erhältlichen Busfahrplänen, Kos-Forum, Links zu Hotelbewertungen und zu vielen anderen privaten Kos-Seiten.
www.griechische-botschaft.de: Online-Informationsdienst der Presseabteilung der Griechischen Botschaft in Berlin.
www.gnto.gr: Offizielle Website der Griechischen Zentrale für Fremdenverkehr.
www.culture.gr: Exzellente Seite des griechischen Kultusministeriums. Hier finden Sie ausführliche Infos (mit Fotos) zu nahezu allen Museen und Ausgrabungsstätten samt Öffnungszeiten und Eintrittspreisen.
www.ekathimerini.com: Englischsprachiges Portal einer der großen griechischen Tageszeitungen.
www.gogreece.com: Allgemeines Web-Directory für ganz Griechenland. Infos von Sport bis Business, Wirtschaft bis Politik.
www.gtp.gr: Übersicht über die aktuellen Fährverbindungen innerhalb Griechenlands.
www.griechenland.net: Website der in Athen erscheinenden, deutschsprachigen Griechenland-Zeitung.
www.ert.gr: Website des staatlichen griechischen Rundfunks und Fernsehens mit der Möglichkeit, viele Radio- und Fernsehprogramme live am Computer zu nutzen.
www.in-greece.de: Gutes Chat-Forum für alle Griechenland- Fans.
www.klaus-boetig.de: Website des Autors dieses Bandes mit vielen Blogs auch zu Kos und den Inseln des Dodekanes.

Kinder

Reiseplanung
Griechische Ärzte verschreiben schon bei kleinen Wehwehchen schnell Antibiotika. Wenn Sie die nicht sonderlich schätzen, nehmen Sie besser ihre homöopathischen Hausmittel von zu Hause mit. Sonnenmilch ist in Hellas teuer, nehmen Sie also ausreichend davon mit. Da kleinere Kinder schwer dazu zu bewegen sind, im Schatten zu bleiben,

Ermäßigungen: Für Zustellbetten dürfen Hotels bis zu 20 % des Zimmerpreises erheben. In allen Bussen fahren Kinder unter 6 Jahren kostenlos. Schüler und Studenten zahlen den vollen Fahrpreis. Schüler und Studenten aus EU-Ländern haben zu allen staatlichen Museen und zu allen Ausgrabungsstätten bei Vorlage eines entsprechenden Ausweises freien Eintritt.

ist ein hoher Lichtschutzfaktor ratsam. Am Strand wird der Sand schnell glutheiß, daher sind auch Badeschuhe dringend zu empfehlen. Auch Insektenschutzmittel und eventuell sogar ein mitgebrachtes Moskitonetz erweisen sich für die Kleinen als nützlich. Windeln und Babynahrung sind in den gro-

Reiseinfos von A bis Z

ßen Supermärkten und in teuren Apotheken erhältlich.

Schlafenszeiten

Griechen sind sehr kinderfreundlich und lassen Kinder ganz einfach am Leben der Erwachsenen teilhaben. Sie dürfen bis Mitternacht wach bleiben und auf den Plätzen herumtollen oder Fußball spielen. Dafür schlafen oder ruhen sie dann mittags, wenn die Sonne am heißesten und die UV-Strahlung am gefährlichsten ist. Diesen Rhythmus sollte man in der Urlaubszeit auch für die eigenen Kinder durchaus übernehmen.

Essen gehen

In Hotelrestaurants stehen oft Hochstühle für Kleinkinder bereit, in Tavernen sind sie eher die Ausnahme. Spezielle Kinderkarten oder Kindermenüs sind selten, doch überall kann man mit dem Kellner reden und für die Kleinen eine halbe Portion zum halben Preis bestellen oder sich einfach ein Gericht wünschen. Außerdem hat kein Wirt etwas dagegen, wenn der Nachwuchs vom Teller der Eltern mitisst. Das richtige Essen für die Kinder zu finden fällt nicht schwer. Spaghetti, Pommes frites und Frikadellen sind allgegenwärtig.

Unternehmungen

Die meisten Autoverleihfirmen halten zwar Kindersitze bereit, doch deren Zustand und Sicherheitsgrad ist immer höchst unterschiedlich. Mit einem Kinderfahrrad sollten die Kleinen vor der Anmietung besser erst ein paar Proberunden drehen, sonst wird die vergnügliche Tour vielleicht schnell zur Tortur für Eltern und Kind.

Eine Fahrt mit dem Miniaturzug durch die Stadt Kos oder von dort zum Asklipieion macht Kindern besonders Spaß. Etwas Besonderes sind ein Pony-Ritt bei Pilí oder die Riesenrutschen in einem Wasserpark, Tretbootfahrten an den Stränden oder für Jugendliche auch Windsurfkurse.

Klima und Reisezeit

Für einen Badeurlaub sind die Monate Mai bis September am besten geeignet. Auch im Oktober und November ist das Meer noch über 18 °C warm, aber im Oktober muss man schon mit sechs, im November mit sieben Regentagen rechnen. Der regenreichste Monat ist mit 14 Regentagen der Januar. Schnee fällt auf Kos fast nie.

Wer viel wandern oder radeln möchte, kommt am besten im Mai, wenn die Natur in Blüte steht. Keinen einzigen Regentag verzeichnet die Wetterstatistik zwischen Juni und August, wenn allerdings mit 30–33 °C auch die höchsten Tagesdurchschnittstemperaturen gemessen werden – mittags bedeutet das bis zu 38 °C. Nachts sinkt das Thermometer zwischen Juni und September auf durchschnittlich 19–22 °C ab, von Dezember bis März auf 7–9 °C.

Klimatabelle Kos

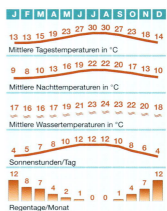

Reiseinfos von A bis Z

Öffnungszeiten

Banken: Mo–Do 8–14, Fr 8–13.30 Uhr
Postämter: Mo–Fr 7.30–15 Uhr
Geschäfte: Mo–Sa 9–14.30 Uhr, Di, Do, Fr auch 17–20.30 Uhr.
Supermärkte: Mo–Fr 8–22 Uhr, Sa 8–16 Uhr.
Souvenirgeschäfte: tgl. ca. 10–23 Uhr.

Rauchen

In allen Büros und Geschäften, in Bussen und Taxis ebenso wie in den öffentlichen Bereichen von Hotels und in den geschlossenen Teilen von Cafés und Tavernen ist das Rauchen verboten. Auch auf Schiffen darf nur an Deck geraucht werden. Zigaretten und Tabak sind trotz erheblicher Steuererhöhungen infolge des Staatsbankrotts 2010 noch immer ein wenig preiswerter als in Deutschland.

Sport und Aktivitäten

Baden

Rettungsschwimmer gibt es nur an besonders gut besuchten Stränden. Sonnenliegen und -schirme werden vor vielen Hotels, Tavernen und Beach Bars vermietet (Schirm plus zwei Liegen 5–7 € pro Tag). Die besten Strände liegen bei Ágios Fókas, Kéfalos, Tigáki, Marmári und Mastichári, völlig unverbaut ist der – allerdings durch Schwemmgut belastete – Sandstrand an der Nordküste im westlichen Inselteil. Nur ganz wenige Tavernen und Strandbars stehen am weitgehend sauberen, 16 km langen Sandstrand zwischen dem Paradise Beach und dem Golden Beach im Osten. An der Westküste der Insel findet man nur wenige kurze Strände, an denen es oft sehr windig ist. Quallen kommen sporadisch vor. Auf steinigem Untergrund sollte man auf Seeigel achten.

Banana & Co.

Sehr beliebt als Zeitvertreib am Meer ist
Banana Riding: 6–10 Leute fahren auf einer Art Schlauchboot in Bananenform, das vom Schnellboot in engen Kurven gezogen wird – die Bootsführer versuchen, so viele Leute wie möglich ins Meer rutschen zu lassen. **Ringos** nennt man Einzelsitzer, die in Gruppen zu 4–6 geschleppt werden. An vielen Stränden wird **Wasserski** und **Jetski** angeboten (ca. 25–30 € pro 15 Min.). Wer es gemächlich mag, kann **Pedalos** (Tretboote) mieten (ca. 5–8 € pro Std.).

Go-Karts

Es gibt drei Go-Kart-Bahnen auf der Insel: in Psalídi, bei Kardámena und zwischen Marmári und Mastichári. Die Bahnen sind vom frühen Vormittag bis zum späten Abend geöffnet. Nicht fahrende Angehörige können auf den Terrassen der zugehörigen Bars warten.

Mal-Workshops

Wer Lust hat, seine Malkunst im Urlaub zu verbessern, kann bei einem österreichischen Maler im Binnendorf Pilí (s. S. 70) auch tageweise Unterricht nehmen. Kurse können auch kurzfristig gebucht werden, eine Mindestteilnehmerzahl ist nicht festgesetzt.

Organisierte Ausflüge

Reisebüros und Reiseleiter bieten zahlreiche Touren an. Eine ganztägige Inselrundfahrt kostet je nach Anbieter inkl. Mittagessen ca. 28 €, ein Tagesausflug nach Bodrum in der Türkei ab Hafen ca. 23–28 €, ein Tagesausflug zur Nachbarinsel Níssyros ca. 25 € (ab Kardámena 20 €). Für die Fahrt zum

Reiseinfos von A bis Z

Sonnenuntergang in Ziá zahlt man ca. 10 €.

Parasailing
Wer sich gern einmal an einem Fallschirm von einem Motorboot in etwa 10–30 m Höhe übers Wasser ziehen lassen möchte, hat dazu an mehreren Stränden Gelegenheit. Man zahlt dafür allerdings für eine Person ca. 40 €, als Tandem ca. 50 €.

Radfahren
In der Umgebung der Stadt Kos gibt es sehr viele Radwege, die verschiedene Strände gut erschließen. Weite Teile der Insel sind recht flach und daher einfach zu erkunden, selbst die Binnendörfer sind mit etwas Kondition leicht zu erreichen. Auch echtes Mountainbiking ist möglich, die Zahl der möglichen Touren ist jedoch aufgrund der Inselgestalt beschränkt.

Verleihstationen gibt es in den Urlaubsorten und in einigen Strandhotels. Leihräder ab 2 € pro Tag; Mountainbikes ab 3 € pro Tag.

Reiten
Zwei Reitställe bieten ihre Dienste an. Der Salt Lake Riding Centre bei Marmári (s. S. 73) hat zweistündige Strandritte im Programm. Der deutschsprachige Reitstall Alfa Horse bei Pilí (s. S. 72) setzt auf Ponys und Ausritte in den Bergen. Wer will, kann hier auch Unterricht im Dressurreiten nehmen.

Segeln
Möglichkeiten zum Jollen- und Katamaransegeln bieten Wassersportzentren bei Marmári (Grundkurs Jolle 191 €, Katamaran 171 €, inkl. Prüfungsgebühren). Die Miete eines Katamarans kostet etwa 21 €/Std. oder 155 € für zehn Stunden.

Eine eigene Yachtbasis und Reparaturwerft unterhält **Kavas Yachting** in der neuen Marina am östlichen Stadtrand von Kos, die eine der bestausgestatteten Griechenlands ist. Info und Reservierung über das Hauptbüro bei Athen: Odós Korítsas 20–22, Kalamáki/Athen, Tel 21098 499 61, Fax 21098 172 48, www.kavas.com.

Sicherheit und Notfälle

Die Kriminalitätsrate in Griechenland gehört zu den niedrigsten in Europa. Auch auf Kos braucht man sich vor Raubüberfällen auf offener Straße oder Einbrüchen in Hotelzimmer nicht sonderlich zu sorgen. Taschendiebstahl wird allerdings immer häufiger, seit 2009 kommt auch Handtaschenraub von vorbeifahrenden Motorrädern aus vor. Insbesondere in öffentlichen Verkehrsmitteln und bei Großveranstaltungen ist die übliche Vorsicht angebracht.

Wichtige Notrufnummern
Krankenwagen, Polizei und Feuerwehr: Tel. 112; gebührenfrei, Englisch wird fast immer verstanden.
Pannendienst: Tel. 10444
ADAC Athen: Tel. 210 960 12 66
Sperren von Kredit- u. Bankkarten: Tel. 0049 116 116, 0049 1805 021 021
Deutsche Botschaft: Tel. 210 728 51 11 www.athen-diplo.de
Österreichische Botschaft: Tel. 210 725 72 70, www.aussenministerium.at
Schweizer Botschaft: Tel. 210 723 03 64, www.eda.admin.ch/athens

Reiseinfos von A bis Z

Surfen

Der Wind weht auf Kos zwischen April und Oktober mit durchschnittlich 4 Beaufort, zu 90 % aus Nordwest. Die konstantesten Bedingungen findet man zwischen Ende Juni und Ende August vor. An der gesamten Nordküste weht der Meltémi schräg auflandig, an der Ostküste in etwa parallel zum Ufer. Die beliebtesten Surfreviere liegen vor den Stränden von Mastichári, Marmári und Tigáki, wo es auch mehrere Surfstationen und eine sehr gute, deutschsprachige Surfschule gibt (Grundkurs 6 Std. inkl. Prüfungsgebühr ca. 170 €).

Die Bucht von Kéfalos ist ein Speedrevier par excellence. Der Wind weht hier schräg ablandig; im Vergleich zu allen anderen Spots der Insel weht es hier, durch eine lokale Thermik bedingt, mit etwa 2–3 Beaufort stärker. Im Uferbereich, 25–50 m vom Strand entfernt, ist der Wind oft recht böig, legt dann aber kräftig zu und wird konstant.

Einen Leckerbissen für Spezialisten hält die Insel im Westen parat: den Wellenspot **Ágios Theológos**. Nach zwei bis drei Tagen kräftigen Meltémi-Winds baut sich hier eine 2–3 m hohe Welle auf. Im Uferbereich muss man auf im Wasser liegende größere Steine und auf eine leichte Strömung Obacht geben. Bei Wellen von 3–4 m Höhe sollte man jedoch das Revier den absoluten Könnern überlassen und ihnen aus sicherer Entfernung von der guten Taverne am Ufer aus zuschauen.

Tauchen

Das Gerätetauchen (Scuba Diving) ist in den Gewässern um Kos nur in wenigen definierten Bereichen und nur in Begleitung lizenzierter Tauchlehrer gestattet. Damit will man die auf dem Meeresgrund vermuteten archäologischen Schätze schützen. Gut ausgerüstete Boote, die Tauchfahrten und -kurse anbieten, liegen abends im Mandráki-Hafen der Stadt Kos und im Hafen von Kardámena. Keines der Tauchunternehmen von KosStadt verfügt über eine Internetseite, sodass eine Vorausbuchung dort quasi unmöglich ist. Schnorcheln ist überall erlaubt. Fische mit einer Länge von über 25 cm dürfen harpuniert werden.

Wandern

Zum Wandern gibt es in Griechenland interessantere Inseln als Kos. Hier geht man eher spazieren. Ein recht weitläufiges Wanderrevier ist die Kéfalos-Halbinsel, auf der man eine Tagestour zum Kap Kríkello, der Südwestspitze der Insel, unternehmen kann. Gutes Schuhwerk mit rutschfester Sohle und eine Kopfbedeckung sind beim Wandern auf Kos ein unbedingtes Muss. Lange Hosen verhindern Kratzer an den Beinen durch dorniges Gestrüpp und schützen auch vor Bissen von – allerdings selten anzutreffenden – Schlangen.

Markierte Wege und gute Wanderkarten gibt es nicht, die Orientierung fällt bei der Übersichtlichkeit der Insel jedoch leicht.

Wellness

Auch griechische Hotels haben sich auf die allgemeine Wellness-Welle geschwungen. Wer Luxus und Wellness miteinander verbinden will, geht ins **ThalassoSpa-Center Elixir** im Grecotel Kos Imperial Thalasso zwischen Psalídi und Ágios Fókas. Geboten werden hier ein Thalasso-Pool mit Meerwasser, Dampfbad, Sauna, Jacuzzi, Massagen, Shiatsu und Aromatherapie (Tel. 22420 580 00, tgl. 9–20 Uhr, www.grecotel.com).

Ein weiteres Wellness-Center finden Sie im **Neptune Resort** am Strand 5 km östlich von Mastichári. Hier werden ein Fitness-Center, Whirlpool, kleines

Reiseinfos von A bis Z

Hallenbad, Sauna, Dampfbad, Massage und Thalasso-Anwendungen geboten (Tel. 22420 414 80, www.neptune.gr).

Telefon

Am besten mit **Telefonkarten,** die an jedem Kiosk, in vielen Supermärkten und bei OTE-Büros erhältlich sind.

Internationale Vorwahlen: D 0049, A 0043, dann die Ortsvorwahl ohne Null, CH 0041. Vorwahl für GR 0030.

Alle Telefonnummern außer Notrufnummern sind zehnstellig. Eine Ortsvorwahl gibt es nicht. Bei Anrufen nach Griechenland wählt man 0030 plus die zehnstellige Rufnummer.

Handys sind weit verbreitet, über die günstigsten Roaming-Partner informiert Ihr Provider. Wer viel telefonieren will, kauft besser eine griechische SIM-Karte für ca. 5 € (zum Kauf Personalausweis mitnehmen).

Toiletten

Außerhalb der Hotels, Privatzimmer und guten Restaurants lässt der Zustand von Toiletten manchmal zu wünschen übrig. Außer in erstklassigen Hotels mit eigener Kläranlage ist es überall üblich, das Toilettenpapier nicht in die Toilette, sondern in daneben stehende Eimer zu werfen.

Verkehrsmittel

Bus

Linienbusse der Gesellschaft KTEL verbinden die Stadt Kos mit allen Ortschaften der Insel, Querverbindungen gibt es jedoch nicht. Der zentrale Busbahnhof liegt in der Stadt Kos in der Odós Kleopátras 7, Tel. 22420 222 92. Diese auf Kos ›Intercity-Busse‹ genannten Oldtimer des Straßenverkehrs sind das meistbenutzte und auch preiswerteste öffentliche Verkehrsmittel auf der Insel.

Für 1 km Busfahrt zahlt man etwa 11 Cent. So kostet z. B. die 42 km lange Fahrt von der Stadt Kos nach Kéfalos nur 4 €. Kinder unter 6 Jahren fahren kostenlos, Kinder unter 10 Jahren zahlen die Hälfte. Zehner- oder Wochenkarten gibt es nicht. Fahrkarten kauft man beim Schaffner im Bus. Kopierte Fahrpläne sind am Busbahnhof oder bei der Tourist Information erhältlich.

Stadtbusse der Gesellschaft D.E.A.S. verbinden das Stadtzentrum von Kos mit den Vororten und den Hotels entlang der Küste bis nach Lambí und Ágios Fokás und darüber hinaus bis Embrós Thérme. Auch Platáni wird von den Stadtbussen bedient. Die Haltestellen sind durchnummeriert, so dass man sich gut orientieren kann. Fahrkarten kauft man am Schalter der Gesellschaft an der zentralen Stadtbusstation, Tel. 22420 495 07 oder etwa 10 % teurer direkt im Bus. Hektographierte Fahrpläne sind im Büro der Gesellschaft, in vielen Hotels und bei der Tourist Information erhältlich.

Taxi

In der Stadt und in den Touristenzentren sind Taxen zahlreich. Sie können telefonisch gerufen, am Halteplatz bestiegen oder unterwegs durch Handzeichen angehalten werden. Man unterscheidet zwei Arten von Taxen: das Taxi mit Taxameter und das ländliche Agoraion, in dem der Fahrpreis nach Kilometerzähler berechnet wird. Die Tarife sind die gleichen und relativ niedrig. Pro Kilometer zahlt man bei einfachen Fahrten 1,16 €, bei Rundfahrten ca. 0,66 €. Zuschläge für Fahrten vom Flughafen (3,77 €) und Hafen (1,05 €), für Gepäck (0,38 €/Stück über 10 kg), für telefonische Bestellung (1,88 €). Bei Fahrten zwischen

Reiseinfos von A bis Z

0 und 5 Uhr verdoppelt sich der Fahrpreis, 1 Std. Wartezeit kostet 10,65 €. Für Tagesausflüge kann der Preis frei vereinbart werden.

Auto und Motorrad
Die Straßen auf Kos sind gut ausgebaut. Es gibt im Verkehrsverhalten der Griechen jedoch einige Besonderheiten, die man berücksichtigen sollte. Viele Griechen sind leidenschaftliche Kurvenschneider; weit rechts fahren und vor unübersichtlichen Kurven hupen ist überlebenswichtig. Standspuren werden, sofern vorhanden, als Fahrspuren mit benutzt. Beim Linksabbiegen von Landstraßen verlässt man sich nicht nur auf den Blinker, sondern benutzt zusätzlich noch seinen linken Arm wie einen Winker.

Mietwagen können bei internationalen Vermietern vorab reserviert werden (Preisvergleich lohnt), aber auch in der Stadt und in allen Touristenzentren werden Mietautos in großer Zahl angeboten. Eine Besonderheit auf Kos sind die zahlreichen Cabrios. Auch Jeeps werden vermietet, sind jedoch teuer und selten wirklich notwendig.

Sonderangebote sind außer im August häufig, Rabatte auf Nachfrage leicht zu erzielen. Vollkaskoversicherung wird immer angeboten, deckt jedoch nie Schäden an den Reifen und an der Wagenunterseite ab. Das Mindestalter für Mieter ist meist 23, manchmal nur 21 Jahre. Einen Kleinwagen wie den Opel Corsa erhält man ab etwa 25 € pro Tag inkl. aller gefahrenen Kilometer, Steuern und Versicherung.

Mopeds, Quads und Motorräder werden in allen Urlaubsorten vermietet. Für Mopeds und Quads muss ein Auto-Führerschein vorgelegt werden, für Motorräder ein Führerschein der entsprechenden Klasse. Einige Vermieter bieten auch **Trikes** an.

Verkehrsregeln
Zulässige Höchstgeschwindigkeit innerorts 50 km/h, auf Landstraßen 110 km/h (Motorräder nur 80 km/h), auf Autobahnen 120–130 km/h. Promillegrenze 0,5 (Motorrad 0,2), Anschnallpflicht auf Vordersitzen, Helmpflicht für Moped- und Motorradfahrer. Bußgelder sind drastisch (Falschparken ca. 60 €!).

Tanken
Tankstellen sind zahlreich, die Preise etwa 10–20 % höher als in Deutschland. Benzin heißt *venzíni*, bleifrei *amólivdi*, Diesel *petrélio*.

Der Umwelt zuliebe – nachhaltig reisen

Ums Flugzeug führt kaum ein Weg nach Kos herum. www.atmosfair.de bietet eine Möglichkeit, für den dabei entstandenen CO_2-Ausstoß finanziell einen Ausgleich zu schaffen. Auf Kos selbst kann man sich hingegen leicht umweltfreundlich verhalten. Das Linienbusnetz ist sehr gut ausgebaut, zwischen dem Kap Fókas im Westen und Mastichári im Osten ist das Fahrrad auch für weniger sportliche ein geeignetes Fortbewegungsmittel. Go-Kart-Bahnen und Jetskis kann man meiden, den Müll wie immer mehr Einheimische auch getrennt sammeln.
Vor allem heißt ›nachhaltig reisen‹ auf Kos, sozialverträglich zu reisen: In traditionellen Tavernen statt bei weltweit vertretenen Ketten zu speisen, einheimische Produkte zu bevorzugen und keinen All-inclusive-Urlaub zu buchen, sondern maximal Übernachtung mit Frühstück.

Unterwegs auf Kos

Im Sommer spielt sich das Leben am Mittelmeer und natürlich auch auf Kos am Strand ab. Und davon hat die Insel reichlich zu bieten. Mehr als 70 Kilometer Sand- und Kiesstrand warten auf die Besucher wie etwa hier in Tigáki.

Kos-Stadt und Umgebung

Kos-Stadt ▶ K 1

Kos ist eine reizvolle Kleinstadt mit rund 18 000 Einwohnern, die Sie bequem zu Fuß erkunden können. Einen guten ersten Überblick gewinnen Sie von den Mauern der Burg Nerátzia am Mandráki-Hafen: Kos präsentiert sich von dort als eine Stadt im Grünen zwischen der Ägäis und teilweise bewaldeten Hängen, die sanft zum alpin gezackten Massiv des Díkeos hin ansteigen. Aus der Altstadt ragen Minarette und die blau überkuppelten Türme der Kirche Agía Paraskeví auf, die Uferpromenade am historischen Mandráki-Hafen wird von schattenspendenden Bäumen gesäumt. Im ehemaligen Burggraben säumen Palmen eine sanft geschwungene Straße.

Der Mandráki-Hafen bildet mit seinen vielen Straßencafés und Restaurants sowie einer Armada von Ausflugsbooten das touristische Herz der Stadt. Westlich schließen sich entlang der Küste die Strände der Stadtviertel Kritiká und Lambí mit intensivem Nightlife an, östlich der Burg geht der Stadtstrand jenseits der modernen Marina in den Strand von Psalídi über.

Zwischen dem Mandráki-Hafen und dem nördlichen Stadtrand mit seinen archäologischen Stätten erstreckt sich die Altstadt mit ihren kleinen, meist autofreien Gassen. Ein Großteil der historischen Gebäude aus der Ritter- und Türkenzeit wurde allerdings bei einem verheerenden Erdbeben am 23. April 1933 zerstört. 170 Menschen kamen dabei ums Leben. Trotzdem hat die Altstadt viel Flair.

Albergo Gelsomino 1
Odós Vassiléos Georgíou B' 1, keine Innenbesichtigung
Das Gebäude neben der Endhaltestelle der Stadtbuslinien würde auch ins Disneyland passen. Die Italiener ließen es 1929 als erstes Hotel der Stadt erbauen. Es ist bei Weitem nicht das einzige Gebäude der Stadt im italienischen Kolonialstil. Durch diesen Baustil sollten Erinnerungen an die Zeit der Kreuzritterherrschaft wachgerufen werden, die ja wesentlich von italienischen Rittern mitgeprägt wurde. Die italienische Präsenz auf Kos und den Inseln des Dodekanes sollte als Fortsetzung jener Ritterherrschaft dargestellt werden. Man nennt diesen Baustil auch *architettura crociata*, also ›Kreuzfahrerarchitektur‹.

Gerichtsgebäude 2
Zwischen der Uferstraße und der Platane des Hippokrates
Der 1928 errichtete Palazzo di Giustizia der italienischen Faschisten wird bis heute als Polizei- und Gerichtsgebäude genutzt. Gerichtsverhandlungen kann man hier auch als Ausländer ganz unauffällig beiwohnen: Die Türen des Gerichtssaals stehen an Verhandlungstagen immer offen, auf dem Flur davor stehen die Tische und Stühle eines jedermann zugänglichen Kafenío (s. S. 43). Über dem Eingang zu Kaffeehaus

Kos-Stadt

und Gerichtssaal verkündet eine Inschrift: »Legum Omnes Servi Sumus« (›Wir sind alle Diener des Gesetzes‹). An der Außenwand des dem Kafenío gegenüberliegenden Restaurants erinnert eine Gedenktafel an drei koische Freiheitskämpfer, die hier 1944 von deutschen Besatzungssoldaten erschossen wurden.

Castello Nerátzia 3
direkt 1 l ▶ S. 32

Platane des Hippokrates 4
Platía Platanoú, frei zugänglich
Die Legende will, dass der große Arzt Hippokrates persönlich die mächtige Platane auf dem Platz zwischen der Burg Nerátzia und der Hadji-Hassan-Moschee gepflanzt haben soll. Demnach wäre sie über 2400 Jahre alt. Dass sie ein Methusalem unter den Bäumen der Insel ist, sieht man: Der Stamm ist völlig ausgehöhlt. Die Zweige werden schon seit mindestens 150 Jahren von Eisenstangen und Marmorsäulen gestützt, tragen aber immer noch in jedem Sommer ein dichtes Blätterkleid. Das wirkliche Alter der Platane lässt sich nur schwer schätzen, da es ja keine Jahresringe mehr gibt. Biologen billigen ihr aber zumindest 2000 Jahre zu.

Hadji-Hassan-Moschee/ Loggienmoschee 5
An der Platane des Hippokrates, keine Innenbesichtigung
Als islamisches Gebetshaus ▷ S. 36

Ein Relikt der Italienerzeit: Albergo Gelsomino am Stadtstrand von Kos

1| Romantik pur – das Johanniterkastell Nerátzia

Cityplan: S. 34

Die alte Kreuzritterburg am Hafen der Inselhauptstadt ist auf drei Seiten von Wasser umgeben. Im Inneren sind die meisten Gebäude verfallen. Die Natur erobert sich das Areal zurück: Blüten ranken an Mauern empor, Kanonenkugeln liegen in Wildblumenfeldern. Und über den Zinnen ragen die Masten von Fähren und Segelyachten auf.

Ein wenig Geschichte

Der kleine Mandráki-Hafen diente in der Antike und in byzantinischer Zeit als Kriegs- und Handelshafen. Hier lagen auch die Galeeren der Johanniterritter. Um ihn zu schützen, bauten sie über älteren Festungsanlagen in zwei Phasen eine weitläufige Burg, heute **Castello Nerátzia** 3 genannt. Gleich nach ihrer Ankunft im frühen 14. Jh. errichteten sie die heutige ›Innere Festung‹. Als die Bedrohung durch das Osmanische Reich wuchs, wurde Ende des 15. Jh. ein äußerer Mauerring angefügt. 1514 war er fertig, doch schon 1523 mussten die Ritter ihre Burg nach der Niederlage auf Rhodos den Osmanen übergeben. Diese nutzten sie bis 1908 als Kaserne. Im Zweiten Weltkrieg waren in der Burg deutsche Soldaten stationiert. 1967 drehte der deutsche Filmemacher Werner Herzog in dieser Festung den größten Teil seines ersten Spielfilms »Lebenszeichen«, der während des Krieges spielt (auf DVD erhältlich, gute Bilder vom Kos der 1960er-Jahre).

1 | Johanniterkastell Nerátzia

Erster Überblick
Sie betreten die manchmal auch ›Nerátzia‹ genannte Burg über eine Brücke, die eine von den Italienern angelegte Palmenallee überspannt. Noch in türkischer Zeit trennte an ihrer Stelle ein Wassergraben die Burg von der Stadt. Das Innere der Festung gleicht einem verwilderten Museumsgarten. Im Frühjahr ist der Boden mit rotem Klatschmohn bedeckt, im Mai und Juni ranken sich blühende Kapernzweige an den Mauern empor. Den ganzen Sommer über setzen blühende Bougainvilleen und Geranien Farbtupfer. Ein paar Palmen und Pinien spenden vereinzelt Schatten.

Innerhalb der Burg können Sie sich nahezu völlig frei bewegen. Das entspricht griechischer Mentalität: Jeder ist für sich selbst verantwortlich, darf seine eigenen Fehler begehen. So können Sie auch immer wieder Scharten zwischen den Zinnen erklimmen, um den Ausblick noch besser genießen zu können. Er reicht über die ganze Stadt und ihre Strände bis zum Díkeos-Gebirge, vorbei am Inselchen Psérimos bis nach Kálymnos und vor allem auf Kleinasien mit den gewaltigen Hotel- und Ferienhausanlagen der Bodrum-Halbinsel. Auch sie sagen etwas über griechische Mentalität. Während dort in der Türkei Großinvestoren die Landschaft verschandeln, darf auf Kos jeder selbst mit seinen kleinen eigenen Bauten zur Zersiedelung beitragen …

Elemente aus der Vergangenheit
Überall stehen und liegen antike Säulenteile zwischen den mittelalterlichen Gemäuern; besonders zahlreich sind mit steinernen Girlanden und Stierköpfen verzierte Altäre aus hellenistischer Zeit. Wappen der Ordensgroßmeister, in deren Zeit an der Burg gearbeitet wurde, sind in die Mauern eingelassen, ebenso Säulen und Säulchen, Kapitelle sowie Bruchstücke von steinernem Dachgebälk antiker Bauten. Selbst Reliefplatten, die einst die Sarkophage Toter zierten, dienen heute als Schmuckelemente.

Wer genau hinschaut, erkennt an der Innenseite der Burgmauer auch Elemente, die aus osmanischer Zeit stammen dürften. An einer Stelle in der Südmauer ist die in heutigen arabischen Ziffern geschriebene Zahl ٤٥ (45) zu lesen, mehrfach sieht man ein dreieckförmiges Auge, das Übel abwehren soll.

Info
Castello Nerátzia 3 : Zugang von der Platane des Hippokrates aus, Mai–Okt. Mo 13.30–20, Di–So 8–20, sonst Di–So 8.30–15 Uhr, Eintritt 3 €.

Picknick im Kastell
Niemand hat etwas dagegen, wenn Besucher ein kleines Picknick mit in die Burg nehmen und es dort unter den Pinien oder auf einer der aussichtsreichen Bänke und Bastionen verzehren. Wasser ist mitzubringen, irgendeine Art von Gastronomie gibt es im Burggelände nicht, WCs sind unmittelbar neben der Kasse.

Andere Burgen
Auf Kos unterhielten die Kreuzritter drei weitere Burgen: die von **Paléo Pilí** (s. S. 65), **Antimáchia** (s. S. 76) und **Kéfalos** (s. S. 85). Burgen errichteten sie auch auf den Nachbarinseln Níssyros, Kálymnos und Léros sowie im heute türkischen Bodrum – und natürlich auf Rhodos. Auf Pátmos stationierten sie keine Garnison, sondern überließen die Insel dem dortigen Johanneskloster.

Kos-Stadt

Sehenswert
1. Albergo Gelsomino
2. Gerichtsgebäude
3. Castello Nerátzia
4. Platane des Hippokrates
5. Hadji-Hassan-Moschee/ Loggienmoschee
6. Mandráki-Hafen
7. Antike Agorá
8. Archäologisches Museum
9. Defterdar-Moschee
10. Kirche Agía Paraskeví
11. Alexander-Altar
12. Casa Romana
13. Zentralthermen
14. Odeon
15. Westliche Ausgrabungen

Übernachten
1. Afendoúlis
2. Ástron
3. Kos Aktís

Essen und Trinken
1. Kafenío im Gerichtsgebäude
2. Psaropoúla
3. Ampávris
4. Stadium
5. Áriston
6. Café Ciao
7. Aléxandros
8. Elaia
9. Passagio
10. Hamam Oriental
11. Poté tin kyriakí

Einkaufen
1. Markthalle
2. Foreign Press
3. Supermarket Marinópoulos

Ausgehen
1. Fashion Club
2. Freilichtkino Orféas
3. Bar Street
4. Harem
5. Hamam Club
6. Galatéa

Sport und Aktivitäten
1. Moto Harley
2. Mini Train
3. Tauchboote

Kos-Stadt und Umgebung

ist die im Jahr 1765 erbaute Moschee nur durch ihr hohes Minarett zu erkennen; ansonsten gleicht sie mit ihren offenen Laubengängen eher einer oberitalienischen Loggia. Für ihren Bau wurden zahlreiche Steine aus dem antiken Asklipieion wieder verwendet. Heute beherbergt sie im Unterbau Souvenirgeschäfte.

Mandráki-Hafen 6
Der Hafen, in dem schon die Schiffe der Kreuzritter lagen, wird heute nur noch von Yachten, kleinen Fischer- und schönen Ausflugsbooten genutzt, die Hafenpromenade ist die Flaniermeile der Stadt. Der Name des Hafens bedeutet ›Pferch‹. So wie in einem Pferch zu Lande Schafe und Ziegen dicht an dicht stehen, liegen in diesem Hafen die Boote dicht an dicht.

Antike Agorá 7
Im Stadtzentrum, Di–So tagsüber frei zugänglich

Das schwere Erdbeben vom 23. April 1933 erwies sich für die italienischen Archäologen auf der Insel als Glücksfall.

Antike Statuen aus der Römerzeit im Archäologischen Museum

Kos-Stadt

Die Häuser des mittelalterlichen Stadtzentrums wurden dabei innerhalb von nur 27 Sekunden so stark zerstört, dass die Behörden ihren Abriss befahlen. Dadurch kam der Mittelpunkt der antiken Stadt zum Vorschein: die Agorá.

Agorá heißt bis heute im Griechischen ›Markt‹ oder ›Markthalle‹. In der Antike war eine Agorá noch mehr: Mittelpunkt des sozialen und öffentlichen Lebens einer Stadt, Rednerforum für Philosophen und Politiker, Sitz wichtiger Behörden, Standort von Tempeln und Heiligtümern. Auf der Agorá von Kos wurden u. a. die Liebesgöttin Aphrodite und der mythische Held Herakles (römisch: Herkules) verehrt. Eine 150 m lange und 28 m breite Halle bot den Marktbesuchern Schutz vor Sonne und Regen; unter ihrem Dach lagen Geschäfte und Schenken.

Überreste dieser Bauten legten die Archäologen ebenso frei wie die Grundmauern einer frühchristlichen Basilika-Kirche aus dem 5. Jh. und das Fundament eines späteren, mittelalterlichen Wehrturms. Zahlreiche Info-Tafeln (englischsprachig) machen das antike Aussehen der heutigen Ruinen durch Rekonstruktionszeichnungen wieder anschaulich.

Archäologisches Museum 8

Platía Eleftherías, Mai–Okt. Mo 13.30–19.30, Di–Sa 8–19.30 Uhr, Nov.–April Di–So 8.30–15 Uhr, Eintritt 3 €

In vier Räumen und einem Atriumhof wird seit 1936 ein Teil dessen gezeigt, was italienische Archäologen in koischer Erde fanden (den besseren Teil, nämlich eine Vielzahl von farbigen Bodenmosaiken, brachten sie in den Großmeisterpalast von Rhodos). Nur eins der Mosaike verblieb auf Kos und schmückt jetzt den Innenhof des Museums. Es zeigt die Ankunft des Asklipios auf der Insel. Der bärtige Gott der Heilkunst entsteigt gerade einem einfachen Kahn. Ein vorbeikommender Koer hebt die Hand zum Gruß, Hippokrates sitzt wartend vor einem teilweise ausgehöhlten Fels.

Das Bruchstück eines zweiten Mosaiks aus der Casa Romana hängt an der **Nordwand des Atriums.** Es zeigt besonders fein gearbeitete Fische. Einige römische Statuen, die ursprünglich im Odeon gefunden wurden, stellen Artemis, die Göttin der Jagd, Asklipios und seine Tochter Hygeia dar. Als Musterbeispiel für den Spätstil der römischen Plastik kann eine Figurengruppe links vorn im **Innenhof** gelten: Der trunkene Dionysos, Gott des Theaters und des Weins, stützt sich mit einem leeren Becher in der Hand auf einen nackten Satyr aus seinem ständigen Gefolge und auf einen Weinstock, auf dem der ziegenfüßige, gehörnte Hirtengott Pan sitzt und Flöte spielt. Zu Füßen des Dionysos liebkost ein kleiner Eros ein wildes Tier.

Gehen Sie nun im Uhrzeigersinn durch das Museum, betreten Sie zunächst den großen **Westsaal.** Die meisten der hier ausgestellten Statuen stammen aus dem antiken Odeon. Von besonderem kulturhistorischen Interesse sind fünf hellenistische Frauenstatuen. Die Damen tragen die in der Antike weithin berühmten ›koischen Gewänder‹ *(coae vestes):* hauchdünne Wildseidenstoffe, die kaum eine Körperrundung verbergen. Im runden Anbau des Westsaals steht, optisch besonders hervorgehoben, eine Statue des Hippokrates. Im Gegensatz zu den meisten anderen Statuen im Museum strahlt die Figur einen würdevollen Ernst aus und gilt deshalb als hellenistische Kopie eines antiken Werks aus dem 4. Jh. v. Chr.

Die hellenistischen Statuen im folgenden **Nordsaal** stellen u. a. die Göttin Demeter und ihre Tochter Kore dar,

Kos-Stadt und Umgebung

die Liebesgöttin Aphrodite, die Schicksalsgöttin Tyche und mehrere Nymphen. Von ihnen hebt sich die in einer Glasvitrine stehende Statue der Göttin Athena durch ihren dunklen Marmor deutlich ab. Sie gilt wiederum als Kopie einer klassischen Statue aus dem 4. Jh. v. Chr. Interessant ist auch eine Figurengruppe mit einem jungen Mann, der einen anderen auf dem Rücken trägt. Offenbar haben die beiden ein aus der antiken Literatur bekanntes Spiel gespielt, an dessen Ende der Verlierer den Sieger so herumtragen musste.

Die Interpretation zweier Statuen der Artemis von Ephesos aus römischer Zeit **im letzten Museumssaal** ist umstritten. Zwischen Taille und Hals trägt die Figur zahlreiche beutelförmige Gebilde, die der Göttin den Beinamen die ›Vielbrüstige‹ eingebracht haben. Die Archäologen interpretieren sie heute aber als Stierhoden. In ihrem berühmten Heiligtum in Ephesos brachte man der Artemis Stiere als Opfer dar, deren Hoden der Statue der Göttin dann als Fruchtbarkeitssymbole angeheftet wurden.

Eine weitere Plastik zeigt einen nackten alten Mann, der mit gefesselten Händen an einem Baum hängt. Es ist Maryas, ein Satyr aus dem Gefolge des Gottes Dionysos. Er hatte den Gott der Schönheit und des Lichts, Apollon, zu einem musikalischen Wettstreit im Flötenspiel herausgefordert. Der erzürnte Apoll gewann natürlich und forderte als Siegespreis das Leben des Frevlers. Am Baum hängend, wurde ihm bei lebendigem Leib die Haut abgezogen.

Defterdar-Moschee [9]
Platía Eleftherías
Die 1725 erbaute Moschee gehört der islamischen Gemeinde von Kos, wird aber nicht mehr als Gebetsstätte genutzt. Die jetzt darin angesiedelten Cafés dürfen allerdings keinerlei Alkohol ausschenken.

Kirche Agía Paraskeví [10]
Platía Agías Paraskevís, tgl. 7–13 und 17–20 Uhr
Die 1932/33 auf einer Terrasse oberhalb der Markthalle erbaute Kirche wurde 1984–1989 innen vollständig im traditionellen byzantinischen Stil ausgemalt. Kerzenruß und auch Wasserschäden haben die Malereien inzwischen aber stark beschädigt, weshalb man außerhalb der Gottesdienstzeiten auch auf jegliche Innenbeleuchtung verzichtet.

Alexander-Altar [11]
Odós Tsaldári/Ecke Odós El. Venizélou
Das schlichte Denkmal in Form eines Altars, der von einem Baldachin bekrönt wird, verkündet ein antikes, aber dennoch äußerst modernes Programm. Auf vier Schrifttafeln ist ein Auszug aus einer Rede Alexanders des Großen zu lesen: im griechischen Original sowie in deutscher, englischer und französischer Übersetzung. Der makedonische König, der 334 v. Chr. aufbrach, um Asien und Ägypten zu erobern, dabei bis nach Indien vordrang und ein Weltreich schuf, erklärt darin seine Motive.

Er wollte durch seinen Kriegszug Frieden schaffen auf Erden und fordert nun all seine Untertanen auf, miteinander ohne Rücksicht auf Hautfarbe und Geburt harmonisch miteinander zu leben. Das Programm der Multikulturalität scheiterte jedoch: Nach seinem frühen Tod im Jahr 322 v. Chr. teilten seine Generäle das von Alexander geschaffene Reich in blutigen Kämpfen unter sich auf.

Römisches Kos [12] – [21]
direkt 2| S. 39 ▷ S. 43

2 | Altertümer am Stadtrand – Römisches Kos

Cityplan: S. 34

In der Altstadt von Kos verschmelzen Bauwerke aus über 2000 Jahren harmonisch miteinander. Einige der bedeutendsten Stätten wie das Odeon, die Thermen und die römische Villa Casa Romana sind zudem von viel Grün umgeben, vom obersten Rang des Odeons fällt der Blick auf weidende Ziegen und Kühe. Gleich nebenan erzählen Mosaiken antike Mythen.

Antiker Wohlstand

Wie reiche Römer im antiken Kos lebten, zeigt die **Casa Romana** 12 ausgesprochen deutlich. Italienische Archäologen entdeckten das ›Römische Haus‹ 1934, rekonstruierten und überdachten es bis 1940. Zu Beginn unseres Jahrtausends wurde es mit etwa 1,5 Mio. Euro aus EU-Fördermitteln noch einmal restauriert. So kann hier auch der Laie bestens verstehen, wie aufwendig der Lebensstil wohlhabender Römer selbst in der griechischen Provinz war.

Die zahlreichen, einst mit Wandmalereien dekorierten oder mit Marmor verkleideten Räume des teilweise zweigeschossigen Baus gruppieren sich um drei Innenhöfe. Unter dem ersten Innenhof gleich gegenüber vom Eingang lag eine Zisterne, der Mosaikfußboden zeigt einen Panther oder Leoparden und einen Löwen, die jeweils eine Antilope geschlagen haben.

Ein Durchgang führt nach links in den größten Innenhof. Er wird teils von einer zweigeschossigen Kolonnade im ionischen Stil, teils von einer eingeschossigen Kolonnade im korinthischen Stil umfasst. Im Erdgeschoss birgt der mittlere Raum linker Hand ein Delfin-Mosaik. In der Nordwestecke des Hofs zeigt ein Mosaik einen springenden Tiger. Nebenan führen Stufen auf die Galerie des Obergeschosses hinauf.

Kos-Stadt und Umgebung

Der dritte Innenhof und der Speisesaal des Hauses, das Triklinum, sind besonders aufwendig mit Marmor und Mosaiken geschmückt. Zu erkennen sind hier zwei Panther, Delfine und andere Fische sowie Fabelwesen des Meeres.

Frühe Wellness

Zu jeder römischen Stadt gehörten Thermen. Freie römische Bürger suchten sie nicht nur zu Reinigungszwecken auf, sondern verbrachten viele Stunden darin mit Spielen, Massagen, Bädern in unterschiedlich temperiertem Wasser, bei Vorträgen und Musikaufführungen. Die **Zentralthermen** 13 von Kos lagen unmittelbar vor der Casa Romana. Von ihnen blieben vor allem zahlreiche niedrige Ziegelsteinpfeiler erhalten, auf denen die Fußböden der Warm- und Heißbaderäume ruhten. Diese Pfeiler, Hypokaustenpfeiler genannt, standen auf einem Untergrund aus Ziegelsteinplatten, der sanft zu einem Heizofenraum hin abfiel. In ihm hielten Sklaven ein Feuer aus Holz und Holzkohle in Gang. Durch eine kaminartige Abzugsanlage wurde der heiße Rauch langsam durch die Hypokausten genannten Hohlräume zwischen Boden und Pfeilern und manchmal auch noch durch Röhren in den Wänden abgeleitet. So waren die Baderäume immer gut temperiert.

Gute Unterhaltung

Auch Theater durften in keiner griechisch-römischen Stadt fehlen. In Kos haben die Archäologen bisher nur dessen kleinere Form, das **Odeon** 14, freigelegt. Eine schöne Zypressenallee führt aus dem einst 750 Zuschauer fassenden römischen Bau aus dem 2. Jh. zu, der im letzten Jahrzehnt aufwendig restauriert wurde. Vom obersten der 14 steinernen, nun teilweise wieder mit Marmor verkleideten Sitzreihen aus blickt man auf Gärten und Felder. In den Gewölben unter den Rängen, die sich in der Antike zum Teil als Läden zu einer Straße hin öffneten, erklingt sphärische

> **Übrigens:** Im Sommer finden im 750 Zuschauer fassenden Odeon manchmal auch Konzerte oder Folkloreveranstaltungen statt – ein unvergessliches Erlebnis!

Musik, die den Besucher durch eine Ausstellung zum Thema ›Antike Theater‹ mitsamt Filmvorführung geleitet.

Antike Post und schöne Mythen

Das größte und interessanteste Ausgrabungsgelände der Stadt erstreckt sich zwischen Casa Romana und Odeon im Süden der Altstadt auf der der Altstadt zugewandten Seite der schmalen, aber viel befahrenen Straße Grigoríou E'. Es wird schlicht **Westliches Ausgrabungsgelände** 15 genannt. Gleich an seinem östlichen Rand nahe der Casa Romana sind unter modernen Schutzdächern vier römische Bodenmosaiken zu sehen.

Eins der Mosaike zeigt kämpfende Gladiatoren, die so berühmt waren, dass sie sogar namentlich benannt sind: Aigialos, Zephyros und Ylas. Gladiatoren wie sie waren manchmal Berufskämpfer, häufiger aber Kriegsgefangene, Sklaven oder zum Kämpfen begnadigte Verbrecher. Die Kämpfe gingen immer auf Leben und Tod; Verwundete konnten um Gnade bitten, hatten aber keinen Anspruch darauf. Das rechte Gladiatorenpaar Zephyros und Ylas zeigt außerdem, dass die Bewaffnung höchst unterschiedlich sein konnte: Zephyros kämpft halbnackt mit Dreizack und Kurzschwert, während der nur mit

2 | Römisches Kos

einem Kurzschwert bewaffnete Ylas Rüstung, Helm und Schild trägt.

Das zweite Mosaik zeigt einen Jäger, der mit seinem Speer einen Eber erlegt, das dritte einen Reiter zwischen zwei Bäumen. Unter einem separaten Schutzdach illustriert ein viertes Mosaik die Entführung der phönikischen Königstochter Europa durch den Göttervater Zeus, der sich in einen Stier verwandelt hat, um ihr Zutrauen zu finden. Ein Knabe mit Fackel, offenbar ein Eros, führt den Stier, ein Delfin begleitet das ungleiche Paar an die Südküste Kretas, wo Zeus mit Europa den mythischen kretischen König Minos zeugen wird – den ersten namentlich bekannten Europäer der Weltgeschichte.

Gegenüber diesem Mosaik ist unter einem Schutzdach auch noch eine einzigartige römische Wandmalerei zu erkennen: ein antiker Briefträger. Die drei noch erkennbaren Buchstaben EXW gehören zu einer Inschrift, die besagte »Ich eile zwölf Stunden«.

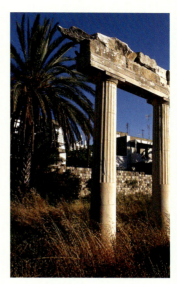

Säulenhalle im Ausgrabungsgelände

Stattliche Bauten

Von den Mosaiken führt eine ursprünglich von Säulenhallen gesäumte antike Straße, der **Decumanus** 16, nach Westen. Sie stößt auf eine Querstraße, die **Via Cardo** 17, in deren Pflaster noch Wagenspuren auszumachen sind. Links dieser Straße standen die **Westthermen** 18, von denen Mauerreste in beachtlicher Höhe sowie ein Gewölbebogen erhalten sind. In frühchristlicher Zeit errichtete man über ihren Ruinen eine Basilika mit noch gut sichtbarem Taufbecken. Westlich der Thermen schloss sich eine lang gestreckte **Säulenhalle** 19 an. Von ihren einst 81 Säulen richteten die Archäologen 17 wieder auf. Sie war Teil einer Palästra, also einer Übungsstätte für Athleten.

Der eindrucksvollste Bau im Grabungsgelände ist das **Nymphäum** 20 aus dem 3. Jh. v. Chr. östlich der antiken Straße. Seine Schönheit sieht man ihm aber nicht von außen an, so dass viele achtlos vorübergehen. Machen Sie es besser und gehen Sie unmittelbar am Nymphäum die sieben Stufen Richtung Altstadt hinauf. So können Sie durch eine Öffnung in den rekonstruierten Außenmauern einen Blick in den fast maurisch anmutenden, auf drei Seiten von Säulen umstandenen Innenhof werfen. Die vierte Seite wird von einer Mauer mit drei Nischen gebildet, vor denen drei Wasserbecken lagen. Der Boden des Innenhofes ist mit farbigen Mosaiken ausgelegt. Neben geometrischen Motiven zeigen sie Delfine.

Schönheitswettbewerb

Das wohl schönste **Mosaik** 21 in diesem Areal finden Sie dann an dessen äußerstem südlichen Rand unter einem Schutzdach. In seinem Saum sind zahl-

Kos-Stadt und Umgebung

reiche Tiere und Jäger dargestellt. Löwe, Stier, Hirsch, Eber und Bär gehören zur belustigenden Menagerie. Das zentrale Bildfeld berichtet vom berühmten Urteil des Páris. Zu sehen ist, wie der vom Botengott Hermes begleitete Páris der Aphrodite einen Apfel mit der Aufschrift »Der Schönsten« überreicht.

Die Geschichte dazu: Die griechische Göttin Iris war erbost darüber, dass sie nicht zur Hochzeit des Helden Peleus eingeladen worden war. Als Göttin der Zwietracht wusste sie sich zu rächen. Sie warf den Apfel mit der Inschrift »Der Schönsten« auf die Festtafel. Sofort gerieten die anwesenden Göttinnen Athena, Hera und Aphrodite in Streit, wem der Apfel gebühre. Ein junger Mann namens Páris, Sohn des Königs Priamos von Troia, wurde zum Schiedsrichter ernannt. Jede Göttin versuchte ihn durch Versprechungen zu beeinflussen. Athena bot Kriegsruhm, Hera Macht, Aphrodite die schönste aller irdischen Frauen als Gemahlin. Paris stimmte für Aphrodite – worauf diese dafür sorgte, dass sich Helena, Gattin des mykenischen Königs Menelaos, in ihn verliebte und spornstreichs nach Troia durchbrannte. So begann der Trojanische Krieg.

Info
Casa Romana 12, **Odeon** 13, **Zentralthermen** 14: Mai–Okt. Di–So 8–20 Uhr, Nov.–April Di–So 8.30–15 Uhr, Eintritt frei.
Westliches Ausgrabungsgelände 15: jederzeit frei zugänglich.

Gegen den Durst
Ein Café, das auch kleine Snacks anbietet, liegt dem Eingang zur Casa Romana unmittelbar gegenüber. Ein zweites Café finden Sie etwa 50 m westlich vom Odeon leicht von der Hauptstraße Grigoriou E' zurückversetzt.

Kos-Stadt

Übernachten

Familiär und super gastfreundlich – **Afendoúlis** 1: Odós Evripílou 1, 23 Zimmer, Tel. 22420 253 21, www.afendoulishotel.com, März– Nov., DZ 40–50 €. Kleines, sehr familiär geführtes Haus mit vielen Stammgästen aus aller Welt. Relativ ruhig etwa 100 m vom Strand und ca. 500 m vom Stadtzentrum entfernt gelegen. Die Inhaber, Ippokrátis, Denise und Aléxis Zíkas, stehen ihren Gästen nicht nur mit vielen guten Tipps und Auskünften zur Seite, sondern besorgen ihnen auch Schiffstickets und vermitteln ihnen preiswert Mopeds und Mietwagen. ZDF- und BBC-Empfang auf den Zimmern, WLAN und Abholung vom Hafen kostenlos.

Direkt am Hafen – **Ástron** 2: Aktí Koundouriótou 31, 75 Zimmer, Tel. 224 20 237 03, www.astron-hotel-kos.gr, ganzjährig, DZ Ü/F im Mai 65 €, im Juli ab 80 €. Hotel direkt am Hafen, moderne Zimmer mit Balkon, Pool hinter dem Haus. Zimmer zum Mandráki-Hafen mit schönem Ausblick, aber laut; Zimmer nach hinten relativ ruhig. Gemütliche Bar und Terrasse, die auch viel von Einheimischen frequentiert wird. Gutes Preis-Leistungs-Verhältnis.

Design am Meer – **Kos Aktís** 3: Odós Vas. Georgíou 7, Tel. 22420 472 00, www.kosaktis.gr, DZ Ü/F 120–180 €, ganzjährig geöffnet. Design-Hotel am Meer und ganz nah bei Hafen und Stadtzentrum. 42 Zimmer und 6 Suiten, alle mit Meerblick, Bademöglichkeit vom sehr schmalen Strand direkt vor der Hotelterrasse aus. Der Service ist gut, könnte aber freundlicher sein.

Essen und Trinken

Einzigartig – **Kafenío im Gerichtsgebäude** 1: Gegenüber der Platane des Hippokrates, tgl. ab 7 Uhr, 0,5 l Flaschenbier mit *mezé* 2,50 €. Das kleine Kafenío ist vor allem ein Rastplatz für Mitarbeiter und Besucher des Amtsgerichts von Kos und seines Polizeihauptquartiers. Auch die Insassen der Gefängniszellen im Untergeschoss des Gebäudes können hier Bestellungen aufgeben, wenn sie über Bargeld verfügen. Als halb-öffentliche Einrichtung muss der junge Wirt die Preise niedrig halten und Qualität bieten. Bestellt man hier eine Flasche Bier oder einen Oúzo, erhält man das Getränk nicht nur billiger als sonst, sondern bekommt auch noch ein kleines Tellerchen mit Mezé dazugestellt: etwas Gulasch, eine Kartoffel und etwas Omelette, Oliven oder ähnliches. Und wenn gerade Gerichtsverhandlungen stattfinden, kann man denen noch zusätzlich durch die offene Tür beiwohnen.

Fisch und mehr – **Psaropoúla** 2: Odós Averóf 17, Kritiká-Viertel, tgl. ab 12 Uhr, Hauptgerichte 7–12 €. Obwohl die Tische auf dem Bürgersteig einer Hauptstraße stehen, lohnt der Besuch. Die Wirtinnen Poppy und Soúla servieren nicht nur guten Fisch, sondern vor allem auch viele regionale Spezialitäten wie zum Beispiel *révithia stamnás,* im Tonkrug im Backofen gegarte Kichererbsen in einer gut abgeschmeckten Tomatensauce.

Am Stadtrand – **Ampávris** 3: Odós Ampávris, Stadtbuslinie 6 bis Haltestelle 75, hin 18–22 Uhr stündlich, zurück 18.30–22.30 Uhr stündlich, Tel. 22420 256 96, Mai–Okt. tgl. ab 18 Uhr. Typisches Abendessen mit mehreren kleinen Gerichten und offenem Wein ca. 13–18 €/Person. Wer einmal abends abseits des touristischen Trubels in ländlicher Umgebung ausgezeichnet griechisch essen will, ist im Ampávris bestens aufgehoben. Die wunderschöne Sommerverne liegt im Garten eines alten Landhauses am südlichen Stadtrand und ist leicht zu erreichen, wenn man unmittel-

Kos-Stadt und Umgebung

Zahlreiche Ausflugsschiffe ankern im Mandráki-Hafen von Kos-Stadt

bar westlich der Casa Romana in die Odós Ampávris einbiegt, die an einem gut erhaltenen Aquädukt aus türkischer Zeit entlang nach Süden führt. Man sitzt unter Maulbeerbäumen im Freien. Statt aus der Standardkarte auszuwählen fragt man besser den Wirt nach seinen aktuellen Mezé-Angeboten. Meist hat er etwa 30 verschiedene, tagesfrische Spezialitäten auf dem Programm. So bekommt man hier z. B. häufig Pligoúri, ein Püree aus Weizenschrot, Kichererbsen und Olivenöl – und im Juli auch Anthoús, mit Reis und Kräutern gefüllte Zucchiniblüten.

Hohes Niveau – **Stadium** 4 : Odós Vas. Georgíou 26, www.stadiumrestaurant.com, tgl. ab 18 Uhr (Dez.–März nur Fr und Sa), Hauptgerichte meist 8–22 €. Sehr gepflegtes Restaurant mit exzellentem – meist auch deutschsprachigem – Service, griechische und mediterrane Küche. Lecker das Zicklein von Níssyros in einer Honig-Thymian-Sauce (14,50 €), gute griechische Weine auch glasweise (ca. 3,50 €).
5 – 11 s. S. 46

Einkaufen

Kulinarische Souvenirs – **Markthalle** 1 : direkt 3 l ▶ S. 46
Gut informiert – **Foreign Press** 2 : Platía Eleftherías, gegenüber der Rückseite des Archäologischen Museums. Beste Adresse für Zeitungen und Zeitschriften aus aller Welt.
Für Selbstversorger – **Supermarket Marinópoulos** 3 : Außerhalb der

Stadt, links an der Straße nach Zipári, Mo–Fr 8–22, Sa 8–16 Uhr. In dieser Filiale einer der größten griechischen Supermarktketten kaufen preisbewusste Koer ein.

Ausgehen

In Mode – **Fashion Club** 1 : Odós Kanári 2, am Hafen, tgl. ab 19 Uhr, Eintritt 15 €. Die renommierteste Disco der Stadt. Vor 22.30 Uhr sitzt man draußen auf Terrassen an der Straße zwischen Bildschirmen, auf denen pausenlos Modeschauen laufen, danach geht's drinnen mit einer 90-minütigen Laser-Show weiter. Happy Hour 19–22 Uhr.

Luftig – **Freilichtkino Orféas** 2 : Odós Vas. Georgíou/Ecke Odós Fenerétis, beim Stadion, Vorstellungen tgl. 20.30 oder 21 Uhr und 22.30 oder 23 Uhr, Ticket 7 €. Kino unterm Sternenhimmel – in Deutschland nur vereinzelt, hier längst ein Klassiker. Und dass eine Bar dazugehört, ist in Hellas ja auch selbstverständlich. Alle Filme laufen in Originalversion, also zumeist in Englisch.

Viel Trubel – **Bar Street** 3 : Das Zentrum des koischen Nachtlebens ist die Bar Street in der Inselhauptstadt zwischen Mandráki-Hafen und antiker Agorá. Hier reihen sich Discos und Music Clubs nahtlos aneinander, draußen bilden Tische und Stühle eine einzige, große Openair-Stage. In fast jeder Bar werden beim Eintritt kostenlose *shots* angeboten: Das ist das, was man im Ruhrpott einen ›Kurzen‹ nennt.

Orientalisch – **Harem** 4 : Odós Avérof 32, tgl. ab ca. 12 Uhr. Die tagsüber als Beach Bar fungierende Harem Bar lässt osmanische Zeiten wieder auferstehen. Man sitzt an niedrigen Tischen oder liegt weich gebettet auf dem Boden, genießt seine Drinks und raucht dazu einen von 13 aromatisierten Tabaken aus der Wasserpfeife. Die Musik ist keineswegs orientalisch: aktuelle Charts und Discosound werden bevorzugt.

Romantisch – **Hamam Club** 5 : Bar Street, gegenüber vom Taxistand, tgl. ab 20 Uhr (als Disco aber erst am späten Abend). Die einzige Inseldisco mit historischem Flair – in einem ehemaligen türkischen Bad. Statt auf großen Pisten tanzt man hier zwischen jahrhundertealten Natursteinwänden in winzig kleinen Badekammern – und der DJ legt nicht nur internationale Hits auf, sondern gern auch griechische Musik. Im Sommer am frühen Abend dezente Livemusik vor dem Hamam Club.

Griechisch – **Galatéa** 6 : Odós Naflírou (an der antiken Agorá), tgl. ab 21 Uhr. Das ›Neue Leben‹ ist mehr Bar als Disco. Hier erklingt fast ausschließlich griechischer Rap und Rock, manchmal auch ein Theodorákis-Sound. Dann tanzt das Publikum griechisch.

Strände: Die Zone der Badestrände beginnt gleich am westlichen Ausgang des Mandráki-Hafens und auf Höhe des Albergho Gelsomino mit der Tourist Information. Diese Strände sind jedoch während der Saison sehr voll. Badeschuhe sind dort empfehlenswert, da die Brandungszone meist grobkiesig ist. Für einen beschaulichen Badetag ohne Gedränge fährt man besser anderswo hin.

Sport und Aktivitäten

Fahrräder, Trikes and Quads – **Moto Harley** 1 : Odós Kanári 42/Ecke Odós Neomártiros Christoú, Tel. 22420 276 93, www.moto-harley.nl, Zweigbüros an den Hauptstraßen von Lambí und Psalídi. Die Niederländerin Petra van der Wiede und ihr Partner Tákis Méntes verleihen Tourenräder und ▷ S. 50

3 | Griechisch genießen – kulinarischer Streifzug durch Kos

Cityplan: S. 34

Es gibt eine griechische Küche jenseits von Bauernsalat und Moussaká. Bei diesem Streifzug erfahren Sie, was Sie wo und wie bestellen sollten, damit Sie genießen können, was nur wenige Urlauber kennen. Manches davon können Sie später in der Markthalle auch als kulinarisches Souvenir erstehen.

Griechisch frühstücken

Die meisten Griechen sind Frühstücksmuffel. Ein Tässchen griechischen Kaffees, ein Glas Wasser, etwas Zwieback und vielleicht ein paar Oliven, Gurken und Tomatenstückchen reichen den meisten, bevor sie aus dem Haus gehen. Dafür ist aber kurz nach Arbeitsbeginn ein zweites Frühstück umso beliebter. Dafür holt man sich bevorzugt *kruasáns* (Croissants) oder *píttes* (gefüllte Blätterteigtaschen) aus einer Bäckerei oder einem Kafenío.

Das Frühstückscafé schlechthin in der Stadt Kos ist die kleine Bäckerei **Áriston** 5 auf der Rückseite des Archäologischen Museums. Sie hat sich seit Jahrzehnten auf das eigentlich in Nordgriechenland heimische *bugátsa* spezialisiert. Das sind warm servierte Teigtaschen aus einer besonderen Art von Teigblättern, die hier auf Kos wie fast überall in Hellas entweder mit einer Art Griespudding *(bugátsa kréma)* oder mit Ziegenkäse *(bugátsa tirí)* gefüllt sind. In ihrer Heimat Nordgriechenland sind sie auch wahlweise mit Hackfleisch oder Spinat gefüllt erhältlich. Viele Bugátsa-Bäckereien in Thessaloníki und anderen makedonischen Städten sind sogar rund um die Uhr aktiv.

Kaffee und Kuchen

Nach einer Portion Bugátsa zu zweit ist auch noch Platz für ein Stückchen des beliebtesten griechischen Kuchens, der *karidópitta*. Dieser nicht sonderlich sü-

3 | Kulinarischer Streifzug durch Kos

ße Walnusskuchen schmeckt am besten mit etwas Vanilleeis, so wie er im **Café Ciao** 6 an der Odós Iféstou serviert wird. Dazu steht Ihnen hier die ganze Vielfalt des modernen Kaffeeangebots zur Auswahl. Junge Griechen trinken nämlich nur selten den althergebrachten Mokka. Nach einem Jahrzehnt Vorherrschaft des *kafé frappé,* einer Art kalten, mit Milch und Zucker schaumig geschlagenen Nescafés, hat man jetzt die *freddi* entdeckt: eiskalten Espresso, Capuccino oder Latte Macchiato in schicken Gläsern. Sie werden als ›Freddo Espresso‹ usw. geordert.

Deftiges Intermezzo

Wenn Ihnen nun der Sinn nach einem etwas herzhafteren Intermezzo steht, biegen Sie gleich hinterm Ciao in die Gasse nach links ein. Schon nach 20 m kommen Sie an einen winzigen Platz mit der sehr preisgünstigen Taverne **Aléxandros** 7. Dort können Sie eine Käsespezialität der Insel probieren, den in Rotwein gelagerten Ziegenkäse *tirí krassáto.* Dazu trinken Sie am besten ein Glas Wasser oder Wein. So haben Sie eine gute Grundlage für die nächste Station.

Flüssiges Zwischenspiel

Die Odós Iféstou quert die von Autos befahrene Odós El. Venizélou und setzt sich als Odós Apéllou fort. Linker Hand bietet Ihnen die gute Taverne **Elaia** 8 Gelegenheit, zwei ansonsten auf Kos selten erhältliche griechische Liköre zu probieren: den von der nordostgriechischen Insel Chíos stammenden *masticha,* den von der Kykladeninsel Náxos stammenden *kítro* und den Zimtlikör *tentoúra* aus Patras auf dem Peloponnes. Dem *masticha* verleiht das Harz des Mastixbaumes seinen unverwechselbaren Geschmack, dem *kítro* das Blatt des Zitronatzitronenbaums.

Der *tentoúra* ist außer mit Zimt auch mit Gewürznelken aromatisiert. Alle drei Liköre trinkt man in ihren Heimatregionen gern zum Kaffee oder als Digestif. Neuerdings werden sie auch zum Mixen griechischer Cocktails benutzt.

Wer etwas zu feiern hat oder der Wissenschaft des Schaumweins zugeneigt ist, kann in der gleichen Gasse in der Café-Bar **Passagio** 9 auch den bekanntesten griechischen Sekt probieren. Er stammt aus der Weinkellerei CAIR auf Rhodos und wird hier auch in Piccolo-Flaschen serviert.

Relaxt genießen

Ganz am Ende der Odós Apéllou steht am Rande der Westlichen Ausgrabungen (s. S. 40) ein kleines türkisches Hamam. Wirt Argýris, der 14 Jahre lang in Österreich gelebt hat, und sein Partner Yánnis von der Insel Euböa verwandelten die Innenräume und Außenterrassen dieses osmanischen Bades aus dem 16. Jh. in das äußerst stimmungsvolle Lokal **Hamam Oriental** 10, das tagsüber als Café und Music Bar agiert, abends auch als Restaurant. Eine schönere, fast schon ländliche fkaputtt Atmosphäre bietet kaum ein anderes Altstadtlokal. Der langjährige Koch stammt aus Ägypten und ist ein Meister seines Fachs. Auch Ägypten war ja bis ins frühe 20. Jh. wie Kos Teil des Osmanischen Reichs, aus dem viele der von ihm kreativ interpretierten Rezepte stammen. Wer mag, kann hier zu internationaler und bevorzugt orientalischer Musik auch eine Wasserpfeife rauchen. Tagsüber sind Gäste auch durchaus willkommen, um Távli zu spielen.

Anders bestellen

Nur 250 m vom Hamam Oriental entfernt versteckt sich an einer ansonsten völlig laden- und lokalfreien kleinen Straße das Mezedopolío **Poté tin ky-**

Kos-Stadt und Umgebung

Obst und viele Inselspezialitäten gibt es in der Markthalle von Kos

riakí (›Never on Sunday‹) 11. In dieser lauschigen Gartentaverne voller Jasmin und Weinranken bestellt man auf typisch griechische Art nicht Menü oder Salat und Tellergericht, sondern eine Reihe köstlicher Kleinigkeiten.

Am besten geht man zu mehreren hin, um richtig griechisch bestellen und den Tisch mit einer Vielzahl von Tellern vollstellen lassen zu können. Darauf können sowohl die verschiedensten griechischen Pürees als auch kleine Fische, gefüllte Weinblätter oder gefüllte Zucchiniblüten, verschiedene *píttes* oder auch Gegrilltes liegen. Zum Essen trinkt man hier nicht nur Wasser und Wein oder Bier, sondern wie in *mezedopolía* in ganz Hellas üblich auch gern Oúzo oder den Tresterschnaps *tsípouro*. Als bester Oúzo des Landes gilt der aus Plomári auf der Insel Lesbos.

Aus den Lautsprechern erklingt dazu dezente griechische und klassische Musik. Nach 22.30 Uhr ist es meist sehr schwierig, hier einen freien Tisch zu ergattern, weil dann viele griechische Gäste da sind: viele Ladeninhaber kommen mit ihren Freunden oder ihrer Familie, wenn sie die Geschäfte nach einem langen Tag endlich abschließen konnten.

Kulinarische Souvenirs

Bis um 23 Uhr ist die **Markthalle** 1 auf der Platía Eleftherías geöffnet, die eine besonders reichliche Auswahl an kulinarischen Souvenirs aller Art bereithält. Die Italiener ließen sie 1934 als ›Mercato Nuovo‹ errichten. Seit 1995 ist sie angenehm klimatisiert. Bezahlt wird an zwei Zentralkassen, an einem Brunnen kann man gekauftes Obst abwaschen.

3 | Kulinarischer Streifzug durch Kos

Angeboten werden nicht nur Spezialitäten aus Kos, sondern aus ganz Griechenland. So können Sie hier echten Safran aus Kozáni in Nordwestgriechenland ebenso erstehen wie mit dem Harz des Mastixbaums versetztes Kaugummi der Marke Elma von der Insel Chios. Die Mandelmilch *soumáda* von der Insel Níssyros ist ebenso erhältlich wie die Zimtlimonade *kanelláda* aus Rhodos. Der Oúzo hier stammt aus Rhodos, Kreta und dem nordwestgriechischen Städtchen Arta, Olivenöle vor allem vom Peloponnes, getrocknete Kräuter stammen aus allen Regionen des Landes. Eine in ganz Griechenland bekannte und beliebte süße Spezialität ist *glikó tou koutalioú*, ›Löffelsüßes‹. Dabei handelt es sich um in Zuckersirup eingelegte, in Gläser abgefüllte Früchte und Gemüse aller Art. Die Gläser hier in der Markthalle wurden zumeist auf Kos selbst abgefüllt: mit in Sirup eingelegten Quitten und Bergamotten, Aprikosen, Orangen und Kirschen, unreif geernteten Walnüssen und sogar Zwerg-Auberginen, Tomaten und vielerlei mehr. In Griechenland bietet man Gästen solche Löffelsüßigkeiten auf kleinen Tellerchen zur Begrüßung zu Hause zusammen mit einem Tässchen Mokka an. Sie eignen sich aber auch hervorragend als exotischer Nachtisch in nordischen Gefilden.

Info

Bäckerei Áriston 5: Platía Eleftherías, tgl. 7–14 Uhr, Bugátsa 2,50 €, Bugátsa mit Honig 2,60 €, griechischer Kaffee 1,80 €.
Ciao 6: Odós Ifestíou 2, tgl. ab 9 Uhr. Walnusskuchen 4 €, Kaffees ab 2,50 €.
Aléxandros 7: Odós Irakléous 6 (zwischen dem Café Ciao an der Odós Ifestou und der Kirche Agía Paraskeví), Mo–Sa 10–15 und ab 18, So nur ab 18 Uhr. Weinkäse 3,50 €.
Elaia 8: Odós Apelloú 27, tgl. ab 12 Uhr, Liköre 3–4 €.
Passagio 9: Odós Apéllou 2, tgl. ab 10 Uhr, Piccolo 6 €.
Hamam Oriental 10: Odós Nissírou 3/Platía Diágoras, Altstadt, Mai–Okt. tgl. 11–15 und ab 18, sonst nur Fr–So ab 18 Uhr, Flaschenweine ab ca. 15 €, Hauptgerichte ca. 9–20 €.
Poté tin kyriakí (›Never on Sunday‹) 11: Odós Pissándrou, Altstadt, tgl. ab 20 Uhr, Mezé mit fünf bis sechs verschiedenen Spezialitäten ca. 22–30 € für 2 Personen.
Markthalle 1: Platía Eleftherías, Mo–Sa 7–23, So 10–23 Uhr.

Kos-Stadt und Umgebung

Mountainbikes, trendige Trikes und Quads. Auch auf Mieter mit kleinen Kindern ist man gut eingestellt. Zahlreiche weitere Vermietungsstationen.

Mit Kindern – **Mini Train** 2: Spaß für Kinder. Täglich 10–17 Uhr startet vom Mandráki-Hafen aus ein Mini-Zug auf Gummirädern zu einer 20-minütigen Stadtrundfahrt. Erwachsene 5 €, Kinder (bis 12 Jahre) 2,50 €.

Tauchen – Vom **Mandráki-Hafen** 3 aus kann man Tauchfahrten unternehmen (Auskunft auf den Tauchbooten abends zwischen ca. 19 und 22 Uhr).

Infos und Verkehr
Tourist Information (Municipality of Kos Tourist Organization): Im Rathaus am Mandráki-Hafen (Aktí Koundouriótou 7), Tel. 22420 284 20.
Gottesdienste: Evangelisch So 10 Uhr, römisch-katholisch So 11 und 18 Uhr, jeweils in der Katholischen Kirche zwischen Odeon und Casa Romana.
Busverbindungen: S. 26 und jeweils bei den Zielen auf der Insel.

Lambí ▶ K 1

Lambí ist ein eingemeindeter Vorort nordwestlich der Inselhauptstadt Kos, der nur während der Touristensaison mit Leben erfüllt ist. Entlang der breiten zum Kap Ammoudiá führenden Hauptstraße drängen sich Pubs und Bars, die kaum auf ein feingeistiges Publikum aus sind.

Im Norden am Kap schlägt die Atmosphäre dann pötzlich völlig um: Eine breite Straße mit breitem Radweg verläuft parallel zum kilometerlangen und über 10 m breiten Sandstrand, in dessen Hinterland nur noch vereinzelt Hotels und kleinere Pensionen stehen. Individualreisende wird es jedoch kaum nach Lambí verschlagen; bei Inselrundfahrten kann man es getrost außer Acht lassen.

Lambí Beach
Am langen Strand von Lambí herrscht meist nur wenig Betrieb. An mehreren Stellen bieten Tamarisken-Bäume etwas Schatten.

Übernachten
Ländlich – **Costa Angela:** Westlich vom Kap, 50 m von der Uferstraße landeinwärts, 43 Zimmer, Tel. 22420 258 00, Fax 22420 243 00, DZ im Mai 30 €, im August 50 €. Ganz ruhig in ländlicher Umgebung gelegenes, familiär geführtes Hotel mit Süßwasser-Pool. Das Haus befindet sich 5 km außerhalb der Stadt, eine Bushaltestelle liegt vor der Tür.

Lambí

Essen und Trinken
Unter Bäumen – **Evkáliptos:** Odós Lambís 120 (die Eukalyptusallee, die östlich des Kalua Club vom Strand ortseinwärts führt), tgl. ab 12 Uhr, Hauptgerichte ca. 7–11 €. Gepflegte Taverne mit großer Auswahl unter schattigen Bäumen.

Schick – **Mýlos:** Mýlos Beach, tgl. ab 11 Uhr, Hauptgerichte 5,50–8 €. Café-Bar um eine alte Windmühle direkt am Strand, gute Kleinigkeiten zum Oúzo, abends DJ.

Ausgehen
Am Meer – **Heaven Disco und Tropical Island:** Statt in klimatisierten Räumen sitzt und tanzt man in diesen beiden einander unmittelbar benachbarten Discos im Freien gleich gegenüber vom Strand. Zum Abkühlen geht man einfach ans Wasser.

Anders – **Léei:** Odós Kanári/Ecke Eukalyptusallee, tgl. ab 23 Uhr. Music Club und Disco vom Typ einer Ellinádika, wo moderne griechische Musik aller Richtungen gespielt wird und man auch dazu tanzt.

Sport und Aktivitäten
Wassersport – **Station:** Am Strand. Man kann windsurfen, Wasserski laufen und Paragliding machen. Auch Vermietung von Kanus und Tretbooten.

Verkehr
Stadtbusse: 6.30–23 Uhr alle 30–45 Minuten Busse ins Zentrum von Kos.

Am Strand von Lambí

Der Osten von Kos

Psalídi ▶ L 2

Psalídi heißt die Hotelzone zwischen dem Trockenbach Platí und der Ostküste der Insel. Psalídi ist ein Stadtteil von Kos. Wohnhäuser stehen hier kaum, dafür aber im lockeren Abstand viele große Hotels und einige kleine Tavernen. Im Vergleich zu den Badeorten Tigáki, Marmári und Mastichári sind die Strände eher dürftig, dafür ist die Stadtnähe von Vorteil.

Psalídi Wetland

Vor der äußersten Nordostspitze der Insel konnte ein kleines Stück Natur vor dem Zugriff bauwütiger Hoteliers gerettet werden: das Feuchtgebiet von Psalídi (Psalídi Wetland). Heute ist es eingezäunt und unter Naturschutz gestellt. Im Winter bildet sich hier alljährlich ein kleiner Brackwassersee, der im Sommer austrocknet. Er ist von Schilfröhricht und Salzwiesen umgeben. Zwischen November und April überwintern hier Dutzende von Flamingos und zahlreiche Enten. Im Herbst und Frühjahr sieht man auch zahlreiche Zugvögel, darunter Grau-, Rallen-, Purpur- und Nachtreiher, Brauner Sichler, Rohrweihe, Brackwassertaucher, Stelzen- und Kampfläufer. Vom **Psalídi Wetland Visitors Information Center** aus führen Wege zu Beobachtungsständen. Die Öffnungszeiten sind stark saisonabhängig (Auskunft Tel. 22420 213 40). Mehr Infos im Internet auf Englisch unter www.biotoposkos.gr.

Strände

Sand- und Kiesstrände säumen die Küste von Psalídi, grenzen aber zumeist an Hotelgelände. An einigen wenigen Stellen kann man idyllisch unter schattigen Tamarisken auf grüner Wiese am Strandrand liegen. Weitgehend unverbaute, breite Sand-Kiesstrände findet man westlich und nördlich vom Kap Ágios Fokás.

Übernachten

Familiär – **Seagull:** Landseitig an der Küstenstraße gelegen, 14 Studios und Apartments für 2–5 Pers., Tel. 22420 225 14, www.travelnet.de, Mai–Okt., DZ 40 €. Die kleine Apartmentanlage einer deutsch-griechischen Familie zeichnet sich durch ihre familiäre Atmosphäre, einen weitläufigen Garten und einen kleinen Pool aus. Zum nächstgelegenen Kieselstrand (mit Surfstation) geht man ca. 5 Min.

Angelsächsisch geprägt – **Edmark:** Zwischen Küstenstraße und Strand, 63 Zimmer, Tel. 22420 259 52, Fax 22420 243 69, April–Okt., DZ Ü im Mai 40 €, im August 60 €. Das relativ kleine, unauffällig in die Landschaft eingepasste Hotel einer griechisch-kanadischen Familie liegt ruhig nur 300 m vom Strand entfernt. Der Swimmingpool wird von über einem Dutzend hoher Palmen umstanden, die Bar ist ein gemütlicher Treff.

Riesig – **Okeanis:** Zwischen Hauptstraße und Strand an der Ostküste, 360 Zimmer, Tel. 22420 246 41, www.ocea

Ágios Fókas

nis-hotel.gr, DZ Ü im Mai 56 €, im Juli 121 €. Großhotel, etwa 7 km von der Stadt entfernt, Süßwasserpool, Bogenschießanlage, Tennisplätze, Minigolf, Fitnessraum, Mountainbike-Verleih.

Essen und Trinken

Wegen der Nähe so vieler Großhotels, die nur all-inclusive oder zumindest inklusive Halbpension zu buchen sind, gibt es in Psalídi immer weniger Restaurants und Tavernen. Die verbliebenen Wirte geben sich darum auch sehr viel Mühe und halten die Preise im günstigen Rahmen, um vielleicht doch noch einige wenige Hotelgäste von ihren schon vorbezahlten Mahlzeiten abwerben zu können.

Alles blau – **Mavromátis:** Meerseitig an der Küstenstraße, tgl. ab 11 Uhr, Hauptgerichte 6–10 €. In dieser Ufertaverne schwelgen die Gäste in allen Blautönen: Stühle und Tische sind hellblau, die meisten Tischdecken dunkelblau. Blau gestrichener Bambus und ein grünes Blätterdach lassen selbst das Sonnenlicht auf der zum türkisblauen Meer hin völlig verglasten Veranda bläulich erscheinen. Die Auswahl an Gerichten ist groß; besonders empfehlenswert ist das *bekrí mezé,* ein Schweinegulasch in einer gemäßigt scharfen Sauce mit Tomaten, Zwiebeln, Paprika, Pilzen, Käse und Chili.

Gute Stimmung – **Spýros:** Landseitig an der Uferstraße, tgl. ab 12 Uhr, Hauptgerichte 5–9 €. Wirt Spýros, der recht gut Deutsch spricht, wurde 1956 in dem Haus geboren, das heute den Kern der Taverne bildet. Sein Großvater betrieb darin schon damals ein kleines Kafénio; ums Haus herum wuchsen Melonen und Tomaten. Spíros schafft es heute noch, inmitten des doch so sehr vom Tourismus geprägten Psalídi alte griechische Gastfreundschaft erleben zu lassen. Mehrmals wöchentlich bietet Spíros fangfrische *marídes* an, kleine Fische, die man mit Kopf und Schwanz verzehrt; an jedem Samstagabend erklingt griechische Livemusik, zu der sich oft auch einheimische Gäste einfinden.

Ausgehen

Wer Nightlife sucht, fährt mit den regelmäßig verkehrenden Bussen oder mit dem Taxi in die Stadt Kos.

Sport und Aktivitäten

Wassersport – **Big Blue Surf Centre:** Vor Hotel Okeanis, Tel. 22420 295 64, www.bigblue-surfcenter.gr. Equipment für Windsurfer (30 €/Std., 10-Std.-Karte 190 €), Surfkurse (10 Std. 190 €). Für Kinder und Jugendliche unter 16 Jahren 40 % Ermäßigung für Equipment-Miete. Auch Vermietung von Tretbooten, Hobie Cats und Mountainbikes.

Verkehr

Busverbindungen: Stadtbusse von Psalídi nach Kos 7–0.10 Uhr alle 15–35 Min., zurück und nach Ágios Fókas 6.45–24 Uhr.

Ágios Fókas ▶ M 3

Ágios Fokás ist kein Ort, sondern besteht nur aus einem Hotel, einer Pension und einem Restaurant. Ein etwa 800 m langer, mit etwas Sand durchsetzter Kiesstrand zieht sich von hier bis zum niedrigen **Kap Fokás,** auf dem Soldaten in ihrem Wachhäuschen Tag und Nacht Wache schieben und die nur 7 km entfernten Türken beobachten. Dafür erhalten sie wie jeder Wehrpflichtige in Griechenland einen Monatssold von etwa 10 €, sind also auf Unterstützung durch ihre Familie oder Freunde angewiesen. Damit jeder weiß, dass Kos griechisch ist, mussten sie zudem aus weiß und blau gestrichenen Steinen

Der Osten von Kos

Improvisiertes Thermalbad in Embrós Thérme

eine Flagge am nordöstlichen Hang des Kaps legen.

Strände
Ágios Fokás Beach: Zum Baden ein schönes Plätzchen, denn hier werden nur etwa zwei bis drei Dutzend Liegestühle vermietet, der Rest ist noch ganz naturbelassen.
Strand am Kap Fokás: Ein zweiter, schmalerer und völlig unerschlossener Kiesstrand zieht sich vom Kap Ágios Fokás in nördlicher Richtung unter niedriger Steilküste entlang bis zum Hotel Okeanis in Psalídi.

Übernachten
Etwas abseits – **Dímitra Beach:** Direkt am Strand, 260 Zimmer, Tel. 22420 285 81/2, www.dimitrabeachotel.gr, nur pauschal und all-inclusive zu buchen. Ältere, aber kürzlich renovierte und erweiterte Hotel- und Bungalowanlage mit schönem Garten. Vorteile sind die ruhige Lage, die Nähe zum Thermalbad Embrós Thérme und die gute Busverbindung in die Stadt. Drei Pools, Tennis, Fahrradverleih im Haus.

Essen und Trinken
Badepause – **Esperídes:** Moderne Strandtaverne mit schöner bambusgedeckter Terrasse und Liegestuhlvermietung. Hauptgerichte 6–9 €.

Verkehr
Busverbindungen: Stadtbusse über Psalídi nach Kos etwa viertelstündlich von 7 bis 24 Uhr; Stadtbusse nach Embrós Thérme tagsüber etwa stündlich.

Embrós Thérme ▶ L 3

Den ungewöhnlichsten Badespaß auf Kos erleben Sie in der ›Vorderen Therme‹. Hier fließt 40 °C heißes Wasser aus dem Fels ins Meer, das nach einer Analyse der TU München Heilungserfolge bei Hauterkrankungen, Entwicklungsstörungen im Kindesalter, Gefäß-, Augen-, Atemwegs- und Muskelerkrankungen ermöglicht.

Viele Griechen und auch schon einige Ausländer kommen deswegen hierher zu einer Kur urgriechischer Art: Einen Badearzt gibt es ebensowenig wie ein Kurmittelhaus, eine Kurtaxe oder Kurkonzerte. Auf dem Kieselsteinstrand zieht man sich um und geht dann ins kleine, kreisrunde, aus Felsbrocken vom offenen Meer abgetrennte Becken mit einem Durchmesser von nur etwa 10 m, in dem sich das Thermal- mit dem Salzwasser mischt. Je näher man am Einfluss sitzt oder liegt, desto höher ist die Wassertemperatur. Schwimmen kann man allerdings nicht; dazu ist das Becken viel zu flach.

Übrigens: Wer nicht mit der ›Masse‹ im Becken sitzen will, kommt am besten vor 11 Uhr morgens oder nach 18 Uhr. Die Winterstürme spülen viel Treibgut ans Ufer und wirbeln meist auch die Steinsetzungen durcheinander. Bis Ende Mai macht Embrós Thérme daher meist einen sehr unansehnlichen Eindruck, zumal auch die Taverne erst im Juni öffnet.

Kieselsteinstrand
In einer winzigen Nachbarbucht kurz vor dem Thermalbecken werden ab Juni einige Liegestühle und Sonnenschirme vermietet.

Essen und Trinken
Urig – **Kantína:** Improvisierte Snack-Bar mit Tischen und Stühlen im Freien am Parkplatz, an dem der Feldweg hinunter zur Therme beginnt, tgl. ab 9 Uhr, Snacks 2–3 €.
Altmodisch – **Thérma:** Während der Saison tgl. ab 10 Uhr geöffnet, frischer Fisch je nach Kategorie 25–60 €/kg. In der alten Taverne mit schattiger Terrasse oberhalb des Thermalbeckens wird fast nur frischer Fisch serviert, der zum Teil vom eigenen Kaiki stammt.

Verkehr
Busverbindung: Stadtbusse über Psalídi und Ágios Fokás etwa stündlich 10.15–18.15 Uhr. Je nach Saison und Wetterlage endet die Stadtbuslinie allerdings auch schon in Ágios Fokás; dann muss man die restlichen 3 km zu Fuß gehen.
Hinweis für Selbstfahrer: Von der improvisierten Snackbar an der Bushaltestelle aus führt ein steiler Feldweg hinunter bis unmittelbar an die Therme. Wenn man sehr vorsichtig fährt, kann man sich so zwar die letzten 400 m schattenlosen Fußwegs ersparen – doch wenn man nach 10 Uhr morgens kommt, findet man dort unten höchstwahrscheinlich keinen Parkplatz mehr. Es ist also besser, das Fahrzeug an der Bushaltestelle stehen zu lassen.

Platáni `direkt 4` ▶ S. 56

In der Umgebung
Asklipieion `direkt 5` ▶ S. 59

Tigáki ▶ H 2

Eine Stichstraße von der Inselhauptstraße her und die Uferstraße bilden die beiden Achsen, an denen entlang Tigáki (Tingáki gesprochen) immer weiter wächst. Ursprünglich war Tigáki (dt. ›Pfännchen‹) nur der Bootsliegeplatz für die Bewohner der Binnendörfer von Asfendioú; heute ist es ein moderner Badeort ohne besonderen Charakter. ▷ S. 63

4 | Ein griechisch-türkisches Dorf – Besuch in Platáni

Karte: ▶ K 2 | **Dauer:** ca. ein halber Tag

Platáni ist das einzige Dorf auf Kos, in dem türkischstämmige Moslems und griechische Christen zusammenleben. Hier geht ein Teil des Dorfes freitags in die Moschee zum Beten, ein anderer sonntags zur Kirche. Das Essen in den Dorftavernen trägt angenehme türkische Züge, die Konditorei des Dorfes gilt als beste der Insel.

Weil die Inseln des Dodekanes zwischen 1912 und 1943 zu Italien gehörten, waren sie vom großen Bevölkerungsaustausch zwischen der Türkei und Griechenland im Jahr 1923 nicht betroffen. Damals hatten die Griechen versucht, Teile der Türkei zu erobern, waren aber von Kemal Atatürk vernichtend geschlagen worden. Daraufhin mussten 1,5 Mio. Griechen die Türkei verlassen, 500 000 Türken im Gegenzug Griechenland. Kos und Rhodos waren davon nicht betroffen. Darum gibt es auf beiden Inseln bis heute türkischstämmige Griechen moslemischen Glaubens. Auf Kos sind es etwa 1700. Ihre Zahl verringert sich im Laufe der Jahre immer mehr. Der letzte größere Exodus fand nach der türkischen Invasion Zyperns 1974 statt.

Heute leben beide Bevölkerungsgruppen friedlich neben-, aber kaum miteinander. Eheschließungen zwischen Moslems und Christen sind immer noch die ganz große Ausnahme. Äußerlich sind sie nur an ihren Vornamen zu unterscheiden, als ›Türke‹ outet sich kein einziger griechischer Moslem.

Treffpunkt Platía

Die **Platía** 1 ist zugleich der Verkehrsknotenpunkt des Dorfes, viel zu sehen gibt es also stets. Große Teile des Platzes werden von Tavernen eingenommen, die alle türkische Namen tragen. Auch Griechen kommen gern zum Essen hierher. Viele Gerichte verraten ihren gemeinsamen Ursprung im Osmanischen und vielleicht auch schon Byzantinischen Reich. Typisch für die türkische Küche ist die Beigabe von Joghurt zu vielen Gerichten. Von Kräutern und Gewürzen wird viel mehr Gebrauch gemacht als bei griechischer Tavernenkost, manche Spezialitäten wie das ›Adana Kebab‹ sind sogar ausgesprochen scharf.

Übrigens: In den Tavernen an der Platía wird anders als sonst irgendwo in Griechenland ein erfrischendes *airáni* serviert, eine Art Joghurtgetränk aus Ziegenmilch. Vom Türken in Deutschland kennt man das als Ayran!

Mehr noch als die Tavernen von Platáni zieht alle Koer die von einem Moslem betriebene Konditorei **Η ΠΑΡΑ–ΔΟΣΗ** 1 (I Paradosi, nur auf Griechisch beschriftet) an. Seit 1955 versorgt sie die Insel mit orientalischem Gebäck wie *baklavá* und *kataífi*, aber auch mit Obst-, Sahne- und Schokoladentorten, einer sehr leckeren *krem brulle* und vor allem köstlichem Eis. Anders als viele griechische Konditoreien bietet sie auch zahlreiche Sitzgelegenheiten auf der Terrasse (und das beste WC im Dorf).

Auf dem Weg zur Moschee
Von der Platía führt eine Straße Richtung Osten ins Dorf hinein. Linker Hand passiert sie die urige **Café-Bar Xénios Zeus** 2. Dessen Wirt hat sein Lokal eigenhändig künstlerisch gestaltet. Eine Innenwand ziert großformatig die Santa Maria des Christophorus Columbus. Seit kurzem fährt sie unter spanischer Flagge – noch im letzten Jahrzehnt segelte sie unter der griechischen, tanzte Columbus an Bord Sirtáki. Der Wirt war der festen Überzeugung, Columbus sei ein Grieche von der damals genuesischen Insel Chios gewesen ...

Etwa 100 m weiter folgt linker Hand die moderne **Moschee** 3 des Dorfes. Der Ruf des Muezzims erschallt hier nur noch zum Mittagsgebet am Freitag – ansonsten will die ethnische Minderheit den Glocken der Mehrheit lieber keine Paroli bieten. Eine Innenbesichtigung ist nicht möglich.

Wenn Tote reden könnten
Gehen oder fahren Sie von der Platía aus in nordwestlicher Richtung auf der Inselhauptstraße, passieren Sie an der Bushaltestelle 70 den alten **Jüdischen Friedhof** 4. Ein stets verschlossenes Gitter mit zwei Davidsternen auf den Torflügeln markiert den Eingang zur Gräberstätte der ehemaligen Jüdischen Gemeinde von Kos. Vor dem Zweiten Weltkrieg zählte sie noch etwa 60 Mitglieder; 1943 wurden sie allesamt in deutsche Konzentrationslager deportiert und dort größtenteils ermordet. Heute leben innerhalb des Dodekanes nur noch auf Rhodos einige wenige griechische Juden. Dort blieb auch die Synagoge erhalten.

Juden lebten in Griechenland schon in der Antike, an sie vor allem wandte sich der Apostel Paulus ja auf seinen Missionsreisen. Der starke jüdische Bevölkerungsanteil Griechenlands, der vor etwa 100 Jahren in der nordgriechischen Großstadt Thessaloníki noch fast 50 % ausmachte, hatte seinen Ursprung allerdings im Osmanischen Reich. Der Sultan hatte Ende des 15. Jh. den aus Spanien vertriebenen sephardischen Juden in seinem Reich und insbesondere in Griechenland Asyl gewährt, um mit ihrem Kapital und Knowhow die Wirtschaft in dieser Provinz seines Reichs anzukurbeln. Ihre Mutter-

Der Osten von Kos

sprache war das ›Ladino‹, eine Art mittelalterliches Spanisch.

200 m nördlich des Jüdischen Friedhofs liegen zahlreiche **muslimische Gräber** 5 äußerst idyllisch in einem Olivenhain. Dieser immer noch von der islamischen Gemeinde genutzte Friedhof steht tagsüber allen Besuchern offen. Die neueren Grabsteine nennen die Namen der Verstorbenen in lateinischer Schrift; die älteren Grabsteine hingegen tragen Inschriften in der im Osmanischen Reich üblichen arabischen Schrift. Als diese Toten noch lebten, war die religiöse Toleranz im östlichen Mittelmeerraum wohl größer als heute: Christen und Juden zahlten zwar höhere Steuern, lebten aber in Frieden, solange sie keine Aufstände planten. Und die gab es auf Kos im Gegensatz zu Kreta oder dem griechischen Festland nie. Überhaupt gelten die Koer im übrigen Griechenland als friedfertige und sanftmütige Menschen, eher dem Land und der Familie als dem Meer und dem Abenteuer zugeneigt.

Essen und Trinken
Tavernen am Dorfplatz: Die vier Tavernen am Dorfplatz sind alle gleich gut; preisgleich und ab 11 Uhr geöffnet. Eine einzelne herauszuheben wäre ungerecht. In der Konditorei **I Parádosi** 1 können Sie ab 8 Uhr frühstücken.

Verkehr
Busverbindungen: Stadtbuslinie 6 von Kos nach Platáni 8–23.45 Uhr ca. 16 x tgl., zurück 6.25–22.55 Uhr, Fahrpreis 90 Cent. Haltestelle 70 Jüdischer Friedhof, Haltestelle 72 Platía, Haltestelle 73 Moschee.

5 | Antiker Kurort – das Asklipieion

Karte: ▶ J 2 | **Dauer:** ca. ein halber Tag

Das Asklipieion ist die bedeutendste archäologische Stätte des nördlichen Dodekanes und eine der am schönsten gelegenen in der ganzen Ägäis. In der Antike war es einer der meistbesuchten Kurorte des östlichen Mittelmeeres und zugleich wohl auch Sitz einer berühmten Ärzteschule, deren Lehre auf den Erkenntnissen des koischen Arztes Hippokrates beruhte.

Ein unbedingtes Muss

Selbst Antikenmuffel sollten sich einen Besuch im Asklipieion, das nur etwa 4 km von der Inselhauptstadt entfernt ist, nicht entgehen lassen. Die Archäologen haben hier nicht nur wie anderswo gründlich gegraben und Bücher darüber geschrieben, sondern auch ans Publikum gedacht. So wurden Treppen ausgebessert, Säulen wieder aufgerichtet und Mauern ergänzt. Dadurch kannn sich auch der Laie eine gute Vorstellung vom einstigen Aussehen dieses Heiligtums machen. Man kann hier auch gut zwei oder drei geruhsame Stunden verbringen oder sich zum Lesen und Malen in eine stille Ecke verziehen.

Zudem liegt das Asklipieion traumhaft schön. Ein Wald aus Kiefern und Zypressen umhüllt es auf drei Seiten, lässt aber den Blick frei über die grüne Küstenebene auf die Ägäis und die griechischen Inseln Psérimos und Kálymnos. Über den Boden huschen große,

Übrigens: Am Getränkekiosk kurz vor der Kasse werden Rekonstruktionszeichnungen des Asklipieions in allerlei Variationen bis hin zum Mousepad angeboten. Wer solch eine Zeichnung in die Ausgrabungen mitnimmt, hat mehr davon!

Der Osten von Kos

völlig ungefährliche Schleuderschwänze, eine auch Hardun genannte Echsenart. Vögel singen, Zikaden zirpen – man kann sich vorstellen, als Kranker hier gesund zu werden!

Ein wenig Geschichte

Am Asklipieion wurde über Jahrhunderte hinweg gebaut. Als der berühmte Arzt Hippokrates auf Kos lebte und lehrte (469–377 v. Chr.), stand hier nur ein kleiner Tempel für Apollon, den Gott des Lichts, der Schönen Künste und der Heilkunst. Erst nach dem Tod des Hippokrates legte man davor einen einfachen Altar an. Darauf wurden erstmals dem speziellen Heilgott Asklípios, den die Römer später Äskulap nannten, Tieropfer dargebracht.

Im späten 4. Jh. v. Chr., also bereits zu Lebzeiten Alexanders des Großen, begann die Entwicklung des Heiligtums zu seiner heute erkennbaren Form. Zunächst wurde dem Asklípios ein marmorner Tempel errichtet und der alte Altar durch einen schöneren aus Marmor ersetzt. Unterhalb des Tempels legte man eine Terrasse mit einem prunkvollen Eingangstor und Säulengängen an, von der aus eine Freitreppe zum Tempel emporführte. Ein Jahrhundert später entstand auch die oberste Terrasse, auf der nun ein großer dorischer Tempel errichtet wurde.

Jetzt erhielt das Heiligtum seinen für die Zeit des Hellenismus typischen Schau-Charakter. Aus einer einfachen Kultstätte wurde eine repräsentative Anlage, geplant fürs menschliche Auge und ganz und gar auf die Wirkung beim Betrachter angelegt. In römischer Zeit wurde ihr durch den Anbau von rein funktionalen Gebäuden wie der großen Thermenanlage etwas von ihrer Klarheit genommen. Auch nach dem Verbot aller heidnischen Kulte durch den römischen Kaiser Theodosius im Jahr 391 dürfte das Asklipieion als Heilstätte und Kurzentrum weiter genutzt worden sein, bis die meisten Bauten bei einem schweren Erdbeben 554 einstürzten. Die Ruinen waren fortan ein willkommener Steinbruch für die Bauten späterer Generationen, von dem auch die Johanniterritter für ihre Festungsbauten kräftig Gebrauch machten. Erste Ausgrabungen führte der deutsche Archäologe Rudolf Herzog 1902–1905 durch. Italienische Archäologen setzten seine Arbeit in den 1930er-Jahren fort.

Profaner Auftakt

Gehen Sie die moderne Treppe von der Kasse zur ersten, etwa 90 x 45 m großen Terrasse hinauf, passieren Sie die Grundmauern eines nur noch in seinen Umrissen erkennbaren **Torbaus** 1 aus dem 3. Jh. v. Chr. (Propylon). Stellen Sie sich dann unter die hohe Zypresse gleich rechts, erkennen Sie auf dem Boden die Grundmauern einer Säulenhalle, die die Terrasse auf drei Seiten umschloss. Sie gliederte sich in eine zum Hof nun offene **Wandelhalle** 2 und dahinterliegende, geschlossene **Räume** 3. Sie dienten vermutlich als Krankenzimmer, in denen die Heilungsuchenden von Familienangehörigen oder mitgebrachten Sklaven versorgt wurden.

Ganz im Nordosten der Terrasse ragen die gut erhaltenen Ziegelsteingemäuer römischer **Thermen** 4 mit Resten von Wasserbecken und aufgemauerten Stützpfeilern für das System der Fußbodenheizung auf. Auf der Südseite wird die unterste Terrasse von einer durch Arkaden und Statuennischen gegliederten Stützmauer für die mittlere Terrasse begrenzt.

Die dritte Nische links der Freitreppe diente als **Brunnen** 5. Über dem Wasserausfluss ist ein etwa 20 cm hohes Relief gerade noch auszumachen. Es zeigt den antiken Hirtengott Pan, an seinen Hörnern und Ziegenfüßen leicht zu erkennen. Seine Handhaltung lässt vermuten, dass er wie üblich auf seiner Flöte, der Syrinx, spielte.

Gleich rechts der Freitreppe fällt eine besonders aufwendig gearbeitete Nische auf, in der ein **Sockel mit griechischer Inschrift** 6 steht. Sie besagt, dass ein gewisser Xenophon aus Kos, Leibarzt des römischen Kaisers Claudius, die Nische und ein einst davor errichtetes Tempelchen stiftete.

Die Terrasse der Götter

Über die größtenteils von den italienischen Archäologen rekonstruierte **Freitreppe** 7 gelangen Sie auf die mittlere Terrasse, die vor allem Kultbauten vorbehalten war. Rechts markieren zwei wieder aufgerichtete ionische Säulen den **Asklípios-Tempel** 8 aus dem frühen 3. Jh. v. Chr. (›Temple of Asclepios‹). Sie erkennen seine Zweiteilung in eine Vorhalle (Pronaos) und eine Haupthalle (Cella). Vor der Südwand des Pronaos liegt eine im Boden eingelassene, mit Granitplatten verkleidete Kammer. In ihr wurde der Tempelschatz aufbewahrt.

Südlich des Tempels schließen sich die mannshohen Mauern des **Abaton** 9 an, eines besonders heiligen Bereichs, den nur einige wenige Priester betreten durften.

Gehen Sie nun auf der mittleren Terrasse nach Osten, passieren Sie zunächst den aufgemauerten **Altar des Äskulap** 10. Altäre standen in der Antike nie im, sondern immer vor dem Tempel. An ihnen wurden die Tieropfer vollzogen, wurden die dem Gott zustehenden Teile der dargebrachten Hähne, Lämmer, Zicklein oder auch Stiere verbrannt. Der größte Teil der Opfertiere war jedoch zum Verzehr durch Priester und Pilger bestimmt.

Alljährlich wird hier an einem Tag im Hochsommer in historischen Kostümen eine Deklamation des Hippokratischen Eides inszeniert, an den sich noch heute alle Ärzte halten müssen. Flötenmusik sorgt für romantische Stimmung, außer dem lokalen Fernsehsender sind sogar zwei Töchter des Heilgottes Äskulap zugegen: Hygieia, die Göttin der Gesundheit, und Panakeia, die ›Allesheilerin‹. Über den genauen Termin informiert die Tourist-Information.

Hinter dem Altar liegen auf dem Boden **Überreste einer schönen steinernen Kassettendecke** 11, die wohl aus einem der Tempel stammen. Darüber hinaus ist südlich davon eine halbkreisförmige **Exedra** 12 aus dem 3. Jh. zu erkennen, die zur Aufnahme von Statuen bestimmt war.

Die sieben aufrecht stehenden Säulen mit einer römischen Variante des korinthischen Kapitells gehörten zu einem **Apollon-Tempel** 13 aus dem 2./3. Jh. (›Temple of the Roman age‹). Daran schloss sich weiter östlich ein Versammlungsraum für Priester an, die **Leschi** 14.

Inspiration für die Ärzte

Gehen Sie die 60 Stufen der nächsten, monumentalsten **Freitreppe** 15 auf die obere Terrasse hinauf, stehen Sie unmittelbar vor einem **dorischen Tempel** 16, dem größten des gesamten Heiligtums. Er war dem Heilgott Asklípios geweiht und stammt aus dem 2. Jh. v. Chr. Pronaos und Cella waren ursprünglich von einer aus 30 dorischen Säulen gebildeten Ringhalle umgeben.

In byzantinischer Zeit wurde die Tempelruine als Kirche benutzt. Davon zeugt noch ein improvisierter Altar: Auf einen Säulenstumpf wurde ein antikes Kapitell gehievt, darauf eine antike Steinplatte gelegt. Umgewidmet wurde das heidnische Kapitell durch die vier

Der Osten von Kos

eingemeißelten Buchstaben IC XC, die für den Namen Iesus Christos stehen.

Auf drei Seiten war diese obere Terrasse wie die untere von **Säulenhallen** 17 umgeben, in denen sich Heilungsuchende zum Schlaf niederlegten. Sie hofften darauf, das ihnen der Gott der Heilkunst im Traum erscheine. Den Traum erzählten sie dann den Priestern. Die deuteten den Traum, der sicherlich einiges über die Psyche des Kranken verriet. Daraus und aus ihrer eigenen Erfahrung als Ärzte leiteten sie dann eine Diagnose und eine Therapie ab. Der Heilungsuchende befolgte sie strikt, durfte er doch glauben, der Gott selbst habe sie ihm verordnet. Das trug sicher zu einem guten Heilungsprozess bei.

Info
Mai–Okt. tgl. 8–20 Uhr, Nov.–April Di–So 8.30–15 Uhr, Eintritt 4 €.

Verkehrsverbindungen
Keine Linienbusverbindung. Stattdessen **Minizug** auf Gummirädern ab zentraler Busstation an der Uferstraße östlich des Johanniterkastells, hin und zurück 5 €, kein Stopp in Platáni.
Mit dem Fahrrad: Zwischen Stadt und Asklipieion existiert zwar noch kein durchgehender Radweg, trotzdem ist die Strecke ideal für Fahrradtouren. Nach Platáni und von dort zum Asklipieion geht es nur sanft bergan, vor allem die zweite Hälfte des Wegs bietet immer wieder Naturschatten.

Einkehr
Ein Getränkekiosk mit Tischen und Stühlen unter hohen Oleandersträuchern befindet sich zwischen dem Parkplatz und der Kasse. Neskaffee 3 €, frischer Orangen- oder Zitronensaft 4,50 €. Zahlreiche Restaurants und eine exzellente Konditorei im nahen Platáni (s. S. 56).

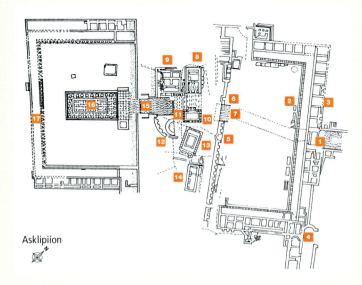

Asklipiíon

Tigáki

Alte Saline Alikés
Der flache See zwischen Tigáki und Marmári war ursprünglich eine große Saline, in der in Vorkriegszeiten jährlich etwa 20 000 Zentner Salz erzeugt wurden. Jetzt liegt sie seit langem still, und die Vogelwelt hat sie für sich erobert. Ab November überwintern hier Flamingos und zahlreiche Wasservögel. Der Uferbereich ist weitgehend unzugänglich, so dass die Vögel ihre Ruhe haben. Jeep-Fahrer, die eine Umrundung dennoch versuchen, bleiben oft in Sand oder Lehm stecken!

Strand
Feinsandiger Strand vor dem Ort.

Übernachten
Preisgünstig – **Sunny Day's:** 500 m vom Ortskern, an der Hauptstraße ausgeschildert, Tel. 22420 690 91, www.sunnydayshotel.com, Studio 30 €, im Juli/August 40 €. Modernes, zweigeschossiges Apartmenthaus mit 50 Studios für 2–3 Personen, Pool und Internet-Café. 30 m von einer Bushaltestelle, 500 m vom Strand.

Schon lange da – **Tigáki Beach:** 300 m östlich vom Kreisverkehr, 169 Zimmer, Tel. 22420 694 46, www.tigakibeach-kos.com, April–Okt., DZ HP im Mai 136 €, im Juli 160 €. Typisches Großhotel in ruhiger Lage, allerdings etwa 150 m vom Strand entfernt; Süßwasserpool und Tennisplatz. WLAN kostenpflichtig. Nur mit Halbpension buchbar.

Essen und Trinken
Tierfreundlich – **Andréas:** An der Hauptstraße, tgl. ab 8 Uhr, Hauptgerichte ca. 5–8 €. In Andreas Familientaverne fühlen sich zwei Schwalbenpärchen so wohl, dass sie alljährlich im Gastraum nisten. Eifrig fliegen sie ein und aus, hocken wie Wellensittiche auf der Gardinenstange. Die Gäste lassen sich dabei das Essen auf der gefliesten Terrasse unter grünem Blattwerk schmecken, wo weitere Vögel in ihren Bauern zwitschern.

Ambitioniert – **Plóri:** An der Uferpromenade ca. 100 m westlich des Kreisverkehrs, tgl. ab 11 Uhr, Hauptgerichte 6–12 €. Micháli, der Wirt des Restaurants vor dem schönsten und ältesten Haus von Tigáki, bietet mediterrane Küche, Fisch, Meeresfrüchte und exzellente griechische Weine. Großer Wert wird bei ihm auf frische Salate, Gemüse und Kräuter gelegt: Deswegen pflegt Micháli auch seinen eigenen kleinen Gemüsegarten unmittelbar zwischen Strand und Taverne.

Herrlicher Garten – **To Ampéli:** Etwa 2500 m östlich des Kreisverkehrs, dort an der Uferstraße gut ausgeschildert, Ausschilderung auch von der Inselhauptstraße Kos–Zipári aus, tgl. ab 10 Uhr, Hauptgerichte ca. 6–9 €. In der Taverne ›Der Weingarten‹ kann man vergessen, dass Kos fast ausschließlich vom Tourismus lebt. Auf der Terrasse eines kleinen, alten Bauernhauses sitzen die Gäste am Rande eines Weingartens, dessen hochwachsende Rebstöcke ab Juni Trauben tragen (die aber nicht zu Wein verarbeitet werden). Farbige Zierkürbisse, Knoblauchzöpfe, riesige Kürbisse und Vogelbauer zieren die Terrasse nebst handgemalten Tafeln, die griechische Lebensweisheiten verkünden. Neben offenem Wein bietet Wirt Minás auch griechische Flaschenweine. Zu den Spezialitäten des Hauses gehören das Weizenschrotgericht *pligoúri*, die Sülze *pichtí* und an Wochenenden auch Lamm nach Weinbauernart, *arnáki ambeloúrgo* (ein gefüllter Lammbraten).

Einkaufen
Für Selbstverpfleger – **Super Market Konstantinos:** An der Hauptstraße,

Der Osten von Kos

Mo–Fr 8–22, Sa 8–16 Uhr. Modernes, klimatisiertes Einkaufszentrum mit großer Auswahl an Lebensmitteln, Spirituosen, Spielzeug und Strandbedarf, Textilien und Souvenirs.

Ausgehen
Der Treff – **Mascot Disco Bar:** An der Hauptstraße nahe der Einmündung auf die Uferstraße. Eine Bar, in der manchmal auch getanzt wird, aber keinesfalls eine Super-Disco. Für wahres Nightlife fährt man besser in die Stadt.

Sport und Aktivitäten
Darf nicht fehlen – **Wassersportzentrum** am Ortsstrand.

Infos und Verkehr
Reisebüro Tigaki Express: An der Hauptstraße, Tel. 22420 690 00, Fax 22420 695 00.
Busverbindungen: Nach Kos werktags 9.20–22.25 Uhr 11 x tgl., So 9.20–18.25 Uhr 7 x. Von Kos werktags 9–23 Uhr 11 x tgl., So 9–18 Uhr 7 x. Fahrpreis 1,30 €.

Ziá ▶ H 3

Ziá (100 Einw.) ist das Vorzeige-Bergdorf der Insel. Eine kurvenreiche, schmale Straße führt von Zipári aus durch Mandel- und Obstgärten, Olivenhaine und Kiefernwälder hinauf. Schlank aufragende Pappeln inmitten üppigen Grüns schmücken das Bild des kleinen Ortes, der fotogen vor den alpin anmutenden, schroff aufragenden Felswänden des 846 m hohen Díkeos liegt. Am unteren Dorfplatz sind in den letzten Jahren zahlreiche Tavernen und Souvenirläden entstanden, viele Dorfbewohner bieten Kräuter, Gewürze und Honig zum Kauf an. Dass auf Kos keine Zimtbäume wachsen, ist vielen Urlaubern egal – sie kaufen Kaneel hier ebenso wie ägyptische Papyri. Eine stufenreiche Gasse führt vom unteren Dorfplatz ins Dorf hinein und passiert dabei ein Souveniergeschäft in einer ehemaligen Wassermühle. Sie blieb als einzige von einst 20 solcher Mühlen übrig. Heute treibt das Wasser aus den Quellen bei Ziá keine Mühlsteine mehr an, sondern wird in Rohren zu den Hotels in der Küstenebene geleitet.

Kirche Kímissis tis Theotókou
Im oberen Dorfteil neben der ausgeschilderten Taverne Sunset Balcony, tagsüber frei zugänglich
1919 erbaut, 1992–1995 innen von Geórgios Katimetzóglou im traditionellen byzantinischen Stil vollständig ausgemalt. Dargestellt sind u. a. die Geburt Jesu, die Darstellung Jesu im Tempel, der Marientod, die Begegnung Jesu mit der Samariterin am Jakobsbrunnen und das Mahl in Emmaus. In der Szene der Auferweckung des Lazarus von den Toten wird dem Betrachter auf typisch byzantinische Art klar gemacht, dass Lazarus nicht nur scheintot war, sondern bereits Verwesungsgeruch verströmte: Ein Jude, der neben dem gerade Auferweckten steht, hält sich mit einem Tuch die Nase zu.

Essen und Trinken
Für Süßes – **Mariánthi:** Gepflegte Taverne am unteren Dorfplatz mit einer großen Auswahl an traditionellen orientalischen Kuchen wie Baklavás, Kataífi und Ravání. Kuchen ca. 2–4 €.
Zum Sonnenuntergang – **Sunset Balcony:** Im oberen Dorfteil oberhalb der Kirche, ausgeschildert, tgl. ab 10 Uhr, Hauptgerichte ca. 5–8 €. Die Taverne mit ihrer großen Sonnenuntergangsterrasse bemüht sich trotz des allabendlichen Andrangs um eine gute, inseltypische Küche. So gibt es hier nicht nur gu-

Paléo Pilí

te, kleine Souvláki-Spießchen, sondern auch köstliche *revithókeftedes,* Reibekuchen aus Kichererbsenmehl. Dazu serviert Wirt Sergós einen guten, preiswerten offenen Wein.

Ausgehen
Geschmackssache – **Fantasía:** In die Großtaverne am unteren Dorfrand bringen allabendlich zahlreiche Ausflugsbusse Urlauber aus den Badehotels zum ›Griechischen Abend‹. Essen und Trinken sind im Preis inbegriffen; die Tänzer treten in Kostümen und Trachten auf. Wer mag, kann später auch mittanzen. Mit echter Folklore hat das nichts zu tun, als Show ist das Programm aber durchaus akzeptabel. Manchmal feiern im Fantasía auch Griechen ihre Familienfeste nach Abschluss der touristischen Veranstaltung. Dann lohnt es sich besonders, über den Zaun zu schauen – vielleicht wird man ja auch freundlich hinzugewunken.

Verkehr
Busverbindungen: Von Kos nach Ziá werktags um 7, 8.40 und 13 Uhr. Von Ziá nach Kos werktags um 7, 8.40 und 13 Uhr. Am So kein Busverkehr auf dieser Strecke. Fahrpreis 1,80 €.

Lagoúdi `direkt 6` S. 66

Paléo Pilí ▶ H 3

Eins der schönsten Ausflugsziele auf Kos ist das Geisterdorf Alt-Pilí an einem Fels am nördlichen Rand des Inselgebirges. Nach einer Choleraepidemie wurde es 1830 verlassen; ein Teil der Häuser, die Kirchen und die alles überragende Burg stehen aber noch. Die Burg selbst, die Kirchen und Teile des Geisterdorfes sind zurzeit wegen Restaurierungs- und archäologischer Forschungsarbeiten unzugänglich. Lohnend ist der Besuch aber dennoch, wenn man zum kleinen **Café Oría** hinaufsteigt, das in einem ehemals zum verlassenen Dorf gehörigen Bauernhof eingerichtet wurde.

Kirche Asómati Taxiárches Gavriíl ke Michaíl
In der untersten der drei Kirchen von Paléo Pilí fliegen Vögel ein und aus. An der rechten Seitenwand ist ein Fresko mit der Darstellung des Letzten Abendmahls zu erkennen.

Kirche Ágios António
Die zweite Kirche am Rand des gepflasterten Wegs fällt von außen gar nicht als Gotteshaus auf. In der Apsis ist ein Fresko zu erkennen, das die Apostelkommunion zeigt: Von beiden Seiten treten jeweils sechs Apostel auf einen Altar mit Baldachin zu, an dem der zweimal dargestellte Christus Brot und Wein verteilt.

Kirche Panagía ton Kastrianón
Die oberste Kirche wird als einzige noch gelegentlich für Gottesdienste genutzt.

Burg
Die Burg wurde bereits im 11. Jh. von den Byzantinern erbaut; weit reicht der Blick von hier über die Küstenebene der Insel bis nach Kálymnos und zur kleinasiatischen Küste.

Essen und Trinken
Fisch in den Bergen – **Old Pylí:** An der Zufahrtsstraße zum Geisterdorf, tgl. 10–24 Uhr, Hauptgerichte ca. 5–12 €. Wirt Geórgios Stavrópulos ist ein Original. Weitab von der Küste und jeder Ortschaft hat er am Rande der Berge eine Fischtaverne eröffnet, die bei Einheimischen einen guten Namen ▷ S. 70

6 | Der Himmel auf Erden – Lagoúdi und seine Kirche

Karte: ▶ H 3

Lagoúdi ist unter allen Dörfern auf Kos das kleinste, stillste und ursprünglichste. Trotzdem können Sie hier gut essen und übernachten, shoppen und in der Dorfkirche die Orthodoxie besser zu verstehen beginnen. Wahrscheinlich lernen Sie sogar den Dorfpriester kennen – er hat einmal in Wilhelmshaven gelebt.

Ins Dorf hinein

Wer vom Dorf noch nie etwas gehört hat, fährt meist an ihm vorbei. Kein Schild macht an der schmalen Straße zwischen Evangelístria und Amanioú darauf aufmerksam, dass man ins Dorf hineinfahren kann und dort sogar gut direkt unterhalb der Kirche einen **Parkplatz** 1 findet. Die Dorfstraße ist übrigens auf voller Länge befahrbar: Wer auf der einen Seite ins Dorf hineinfährt, kann es auf der anderen wieder verlassen. Hühner werden Sie wahrscheinlich eher auf der Straße sehen als Menschen – der Ort zählt nicht einmal mehr 30 ständige Bewohner. Die meisten Häuser stehen leer, werden nur noch an Wochenenden oder in den Sommerferien bewohnt.

Bilderbuch der Theologie

Die leicht erhöht am Dorfrand gelegene Kirche **Panagía Theotókou Genesíou** 2 ist, so die Übersetzung des Namens, der ›Geburt der allheiligen Gottesgebärerin‹ geweiht, also der Geburt Mariens. Sie ist innen vollständig mit Wandmalereien aus den Jahren 1995–1997 geschmückt. Jedes einzelne Bildfeld wurde, wie oft in Griechenland üblich, von verschiedenen Familien des Dorfes finanziert, deren Namen jeweils links oder rechts unten im Feld angegeben sind.

Die Ausmalung orthodoxer Kirchen erfolgt immer nach recht strengen Regeln, die schon seit über 1000 Jahren

Bestand haben. In der Gestaltung der Bildfelder bleiben dem Maler wenige Freiheiten, denn die Orthodoxie kennt eine ausufernde Bildertheologie, die bis in kleine Details hinein allen Darstellungen bestimmte theologische Bedeutungen zuschreibt. Außerdem steht in jedem Bildfeld ebenso wie auf Ikonen immer geschrieben, wer oder welches biblische Ereignis dargestellt ist.

Auch das hat einen theologischen Grund. Durch die Beschriftung wird Zweiflern deutlich gemacht, dass heilige Bilder gottgefällig sind. Der Gott des Alten Testaments, das mit »Am Anfang war das Wort« beginnt, hatte den Juden zwar bildliche Darstellungen untersagt – mit Jesus aber gab er den Menschen selbst ein Bild von sich und erwies sich somit als bilderfreundlich. Deswegen gehören Wort und Bild untrennbar zusammen.

In der Kirchenkuppel ist wie immer Christus als Pantokrator, als ›Allesbeherrscher‹, mit dem heiligen Buch in der Hand dargestellt. Vier Engel tragen ihn in einer Mandorla, darunter sind Könige und Propheten des Alten Testaments dargestellt. So wird darauf hingewiesen, dass sich mit Christus die Voraussagungen des Alten Testaments verwirklicht haben.

In den Zwickeln, die die Last der Kuppel auf die Seitenwände ablenken, sind die vier Evangelisten Matthäus, Johannes, Lukas und Markus abgebildet. Sie gehören in diese Überleitungszone zwischen himmelsähnlicher Kuppel und Gemeinderaum, weil sie den Menschen ja die himmlische Botschaft vermittelt haben.

Meist sind den Evangelisten ihre Symbole zugeordnet: Ein Löwe für Markus, ein Stier für Lukas, ein Adler für Johannes und ein Mensch für Matthäus. Diese Symbole haben alle einen biblischen Bezug: Das Markusevangelium beginnt mit Johannes in der Wüste, wo die Löwen leben. Das Lukasevangelium beginnt mit einem Stieropfer durch den Priester Zacharias, das Matthäusevangelium mit der Menschwerdung Gottes. Nur mit Johannes und dem Adler gibt es Schwierigkeiten: Gemäß Kirchenvater Hieronymos vollzog der Evangelist mit der Niederschrift seines Evangeliums einen adlergleichen Höhenflug …

Zweierlei Geburten

Schauen Sie sich nun die großflächigen Malereien an der linken Seitenwand an. Über den drei kleinen Fenstern ist die Geburt Mariens dargestellt, der die Kirche ja geweiht ist. Vergleichen Sie dieses Bild mit der Darstellung der Geburt Jesu an der gleichen Stelle der rechten Seitenwand!

Maria wird in einem Haus geboren, sie war ja nur Mensch. Jesus dagegen wird in einer Höhle geboren: Mit seiner Geburt werden die Voraussetzungen für die Erlösung des Menschen vom Tod geschaffen, den die Höhle symbolisiert. Maria liegt wie ein Menschenkind in einer Wiege, das Jesuskind hingegen auf einer Art Altar. Damit wird darauf hingewiesen, dass der gläubige Christ durch die Einnahme des Abendmahls Anteil am Ewigen Leben gewinnt. Dabei vollzieht sich die Verwandlung von Brot und Wein in Leib und Blut Christi ja auf dem Altar. Am Bett Annas, der Mutter Mariens, stehen drei Frauen. Am Altar Jesu sind Ochs und Esel zu sehen – nicht als sozialromantische Stalltiere, sondern als Personifizierungen des Heiden- und des Judentums. Damit wird ausgesagt: Jesus ist der Herr aller Menschen.

Auf die Jungfräulichkeit Mariens wird in beiden Bildern hingewiesen. Die neu geborene Maria trägt bereits das Mariophoron, ein durchgängiges Gewand, das Körper und Kopf bedeckt. Es

Der Osten von Kos

soll ihre Unberührtheit verkörpern. Bei der Geburt Jesu weckt ein alter Mann, vielleicht der Satan, bei Joseph Zweifel ob der Wahrhaftigkeit von Mariens Unschuldsbeteuerungen – ein sicheres Zeichen dafür, dass Joseph sicher nicht der Vater ist.

Heimweh nach Wilhelmshaven

Wenn Priester Kyriákos gut gelaunt ist und Zeit hat, lädt er freundliche Besucher auch manchmal in sein **Häuschen am Kirchhof** 3 ein, das ihm tagsüber als Rückzugsort dient. Sein Hauptwohnsitz ist das große Dorf Pylí. Kyriákos und seine Schwester haben in den 1960er-Jahren einmal ein paar Jahre in Wilhelmshaven gelebt und gearbeitet, sprechen daher ein wenig Deutsch. Wer aus Wilhelmshaven kommt, macht beiden eine große Freude, wenn er ihnen ein paar Ansichtskarten oder einen Wilhelmshaven-Prospekt mitbringt. Meist kredenzt Kyriákos eingeladenen Besuchern ein Tässchen griechischen Mokka und ein Glas Wasser dazu. Es ist aber auch schon vorgekommen, dass er eine Zweiliterflasche Ouzo auf den Tisch stellte, dazu im letzten Gottesdienst geweihtes Brot, Käse und Früchte ...

Eine temperamentvolle Sammlerin

Zwischen Kirche und Parkplatz zweigt ein Feldweg nach rechts unten ab. Schon nach 15 m befindet sich links der Eingang zu einem der außergewöhnlichsten Häuser der Insel, das die Inhaberin Christina Zentéli-Colman aus Antwerpen **I Oréa Elláda – Beautiful Greece** 1 genannt hat. Christina lebt seit Jahrzehnten auf Kos. Die Frau mit der markant tiefen Stimme ist eine hervorragende Malerin und Köchin, eine vielsprachige und äußerst temperamentvolle Gastgeberin sowie eine Sammlerin aus Leidenschaft.

Schon vor 20 Jahren hat sie damit begonnen, auf Kos aufzukaufen, was Bauern wegwerfen wollten: Möbel und Porzellan, alte Fotos und Stickereien, Ikonen und allerlei Tand. Auch alter Silberschmuck ist eins ihrer Sammelgebiete. Alles, was sie zusammengetragen hat, steht ebenso wie ihre Malereien auch zum Verkauf, ist im üppigen Garten und mehreren Nebenräumen ausgestellt. Das Motivspektrum ihrer Malereien ist so facettenreich wie die Malerin selbst. Sie malt koische Natur und Dorfarchitektur, Boote und Fischer, Tiere und Ikonen, eigenwillig interpretierte Szenen der griechischen Mythologie.

Auf ihrem Anwesen betreibt sie zugleich ein stilvolles kleines Café. »Ich koche, wie ich male – täglich etwas Anderes«, lautet Christinas Devise. Die Zutaten besorgt sie jeden Morgen frisch vom Markt, fährt dafür extra mit ihrem klapprigen Auto in die Stadt. Deshalb ist sie selbst selten vor 12 Uhr im Haus anwesend. Der griechische Mokka wird bei ihr stilvoll in der *bríki*, dem Kupferkännchen mit Stiel, serviert. Die Mandelmilch *soumáda* und die Zimtlimonade *kanneláda* sind ebenso erhältlich wie guter Oúzo aus Lesbos oder *mastícha* von der Insel Chíos. Wer will, kann im Anwesen sogar wohnen. Christina hat zwei Apartments kunstvoll gestaltet.

Bodenständige Alternative

Von den Reisenden, die durch die Kirche und Christina angelockt werden, kann auch das letzte Dorf-Kafenío mit dem schönen Namen **Ftochí Kalyva** 2 noch ein wenig profitieren. Es liegt nur 30 m oberhalb des Parkplatzes an der Dorfstraße. Sein Name bedeutet ›Die arme Hütte‹. Auf der kleinen Terrasse sitzen Sie bei Dionysía Matthéou und ihrem Gatten Adónis trotzdem sehr schön. Wer danach verlangt, bekommt

6 | Lagoúdi

ein Glas Rotwein vom eigenen Weinberg ausgeschenkt, solange noch Vorräte da sind. Auf Wunsch werden auch einfache Speisen wie Salat oder Omelette zubereitet. Wenn Sohn Níko und Tochter Lítsa da sind, erlebt man koisches Familienleben hautnah – und die Enkelin Stergía als Malerin. Ihre kindlichen Bilder dekorieren die Terrasse der stolzen Großeltern.

Info
Kirche: Mai–Okt. tgl. ca. 11–18 Uhr. Spenden werden nicht ungern gesehen.
Verhalten in Kirchen: Shorts sind bei Damen und Herren ungern gesehen. Direkt vor einer Ikone verschränkt man weder Arme noch Beine. Man dreht ihnen auch nicht den Rücken zu, wenn man unmittelbar davor steht. Auch Nicht-Orthodoxe können gern Kerzen anzünden, wenn sie dafür eine Münze in den Klingelkasten werfen.
Beautiful Greece 1: Tgl. 10–22 Uhr, Tel. 22420 690 04, Mob. 69734 920 31. Kaffees und Tees 3 €, Oúzo (2 cl) 6 €, Wein 12 €/l. Apartments 300–450 €/Woche, Mindestaufenthalt 2 Nächte, www.ferienhausmiete.de.

Zu Fuß an die Küste
Wer mit dem Linienbus gekommen ist, kann von Lagoúdi auf einem schönen Feldweg abseits der Straße in etwa 45 Min. nach Tigáki wandern. Der Weg beginnt links nahe der Kirche; das Ziel ist nicht zu verfehlen.

Busverbindungen
Keine direkte Linienbusverbindung. Man fährt bis Evangelístria oder Ziá und geht von dort aus zu Fuß in etwa 15 Min. nach Lagoúdi.

Der Osten von Kos

hat. Geórgios fängt einen Teil der Fische selbst; bei ihm kommt nur frische Ware auf den Tisch. Durch die zunehmende Popularität seines Lokals gibt es bei ihm inzwischen zwar auch manchmal Standardgerichte wie Moussaká oder Souvláki, man sollte aber lieber Fisch oder einfach *mesedákia* bestellen, einen Teller mit verschiedenen Kleinigkeiten, wozu man stilecht Oúzo mit Wasser trinkt.
Wie in einer anderen Welt – **Oría:** tgl. ab ca. 10 Uhr, Tel. 6974 408 843. Der Deutsch sprechende Wirt Geórgios und sein Bruder Michális sind vor ca. 50 Jahren in dem Bauernhof geboren worden, der jetzt als einzigartiges Café auf einer Hügelkuppe gegenüber der Burg dient. Man sitzt in freier Natur weitab aller modernen Bauten. Manchmal gibt es außer Kaffee und Softdrinks auch Zicklein aus dem Backofen und sogar traditionelle Livemusik (Termine am besten telefonisch erfragen). Man kann zu Fuß hinaufgehen oder sich auch mit dem Esel nach oben bringen lassen.

Verkehr
Busverbindung: Keine direkte Linienbusanbindung. Man fährt bis Pilí, steigt dort an der Kirche Ágios Geórgios aus und geht die restlichen 3,5 km zu Fuß.

Pilí (Pylí) ▶ G 3

Pilí ist mit 2450 Einwohnern das größte Dorf im koischen Binnenland. Trotz einiger alter Natursteinhäuser wirkt es weniger romantisch als Ziá; dafür kommen aber auch weit weniger Touristen. So kann man hier noch echtes Dorfleben rund um die Platía und den alten Dorfbrunnen kennenlernen. Sie sollten mindestens zwei Stunden für einen Aufenthalt einplanen, wenn Sie die Sehenswürdigkeiten besichtigen, am alten Brunnen romantisch rasten und ein wenig shoppen wollen.

Alter Brunnen
150 m westlich des modernen Dorfplatzes, frei zugänglich (dem blauen Hinweisschild mit der Aufschrift ›Pigí‹ in der Südwestecke des Dorfplatzes folgen)
Das Wasser aus diesem über 400 Jahre alten Brunnen fließt aus (mittlerweile frisch restaurierten) Löwenköpfen. In den Steinquadern des Brunnens kann man einige antike Inschriften erkennen.

Kirche Evangelístria
Am modernen Dorfplatz, tagsüber frei zugänglich
Die Kirche wurde in den letzten Jahren neu im traditionellen byzantinischen Stil ausgemalt. Dargestellt sind links die Kreuzigung und die Höllenfahrt Jesu, rechts Jesu Geburt und die Verkündigung Mariens. An der Rückwand erkennt man Jesu Taufe im Jordan.

Traditionelles Haus
Am modernen Dorfplatz, nur gelegentlich geöffnet, Eintritt 70 Cent
In dem kleinen, alten Dorfhaus wird gezeigt, wie einfache Bauern noch bis zum Zweiten Weltkrieg auf der Insel lebten.

Grab des Harmylos
300 m nordöstlich des Dorfplatzes, frei zugänglich
Antiker Grabbau aus dem 4. Jh. v. Chr., in dem der mythische erste König von Kos begraben worden sein soll. Später wurde über dem Grab eine kleine Kapelle errichtet, in der antike Spolien verbaut sind.

Essen und Trinken
Mittendrin – **Drósos:** Am Dorfplatz,

tgl. ab 9 Uhr, Souvláki oder Gýros mit Salat, Tzatzíki und Pommes frites 6 €. Die aus Dänemark stammende Wirtin Pia und ihr griechischer Mann Vassílis bieten in ihrer modernen Taverne klassische griechische Tavernenkost an.

Angenehm luftig – **The Old Spring (Paliá Pigí):** Am alten Dorfbrunnen, 100 m westlich des modernen Dorfplatzes, tgl. ab 10 Uhr, Hauptgerichte 4–7 €. Auf einer kleinen Terrasse verwöhnen Geórgios, seine Frau Evangelía und ihr Sohn Manólis ihre Gäste im Schatten eines großen Ficus-Baumes mit köstlichen Kleinigkeiten wie den gegrillten Hackfleischwürstchen *souzoukákia*, kross gebratenen Souvláki-Spießchen, gefüllten Weinblättern *dolmádes* oder gebratenen Auberginen- und Zucchini-Scheiben. Zwischen Mai und August gibt es auch in Rotwein eingelegten Käse, *tirí krassáto*. Zu allen Speisen wird bevorzugt Landwein vom Fass ausgeschenkt. Aber auch diejenigen, die nur einen Kaffee oder eine Cola trinken wollen, sind hier herzlich willkommen.

Einkaufen

Kommunikationsfreundlich – **Bus Stop Gallery:** Unmittelbar oberhalb des kleinen ausgeschilderten Parkplatzes und direkt an der Bushaltestelle unterhalb der Platía, Tel. 22420 416 71 und 22420 421 04, www.busstopgallery.kosweb.com. Galerie des österreichischen Malers Kurt Hlavacek, der mit ›Sol‹ signiert, und seiner niederländischen Frau Nel Bezemer. Außer den Acryl- und Ölmalereien Kurts verkaufen sie auch Kunst und Kunsthandwerk von griechischen Freunden. Beide sind sehr gesprächig und sitzen gern mit Besuchern an der Bar der Galerie zusammen. Auf Wunsch gibt der Maler nach Absprache auch individuellen Malunterricht.

Eher steif – **Remko & Ria:** Laden am modernen Dorfplatz, Atelier und Laden 20 m oberhalb des Dorfplatzes nahe der Kirche. Das niederländische Künstlerehepaar fertigt und verkauft Aquarelle, Radierungen und Silberschmuck. Außerdem findet man hier ausgewählte künstlerische Keramik aus ganz Grie-

Kirche Ágios Geórgios im Binnendorf Pilí

Der Osten von Kos

chenland und Bilder aus gepressten Trockenblüten.

Sport und Aktivitäten
Reiten für Kenner – **Alfa Horse:** An der Straße von Pilí nach Lagoúdi, Tel. 22420 419 08, www.alfa-horse.de. Deutscher Reitstall mit gut ausgebildeten Pferden aus deutscher Zucht. Ausritte in kleinen Gruppen durchs Gebirge, Unterricht im Dressurreiten.

Verkehr
Busverbindungen: Nach Pilí werktags 7–15 Uhr 4 x tgl., So 7 und 13 Uhr. Nach Kos werktags 7.30–15.20 Uhr 4 x tgl., So 7.30 und 13.20 Uhr. Fahrpreis 1,80 €.

Marmári ▶ G 2

Marmári (460 Einw.) ist kein richtiger Ort, sondern nur eine Ansammlung von teilweise weit auseinander gelegenen Hotels und Pensionen. Die meisten Tavernen liegen entlang der 2 km langen Stichstraße von der Inselhauptstraße zum Strand. Wo sie ihn erreicht, ist ein winziges ›Ortszentrum‹ entstanden.

Strand
Der lange Sandstrand reicht von Marmári aus weit nach Westen und Osten; vor allem nach Westen hin wird er von niedrigen Dünen gesäumt.

Übernachten
Ein Klassiker – **Carávia Beach:** 1 km östlich des Ortskerns, 298 Zimmer, Tel. 22420 412 91, www.caraviabeach.gr, April–Okt., DZ ÜF 92–120 €. Gute Adresse für Urlauber, die viel Wassersport treiben wollen, da direkt vor dem Hotel ein sehr gutes Wassersportzentrum liegt. Außerdem gehören zum Hotel vier Tennisplätze mit Flutlicht. Ein kostenpflichtiger Hotelbus fährt mehrmals täglich nach Kos-Stadt.
Weniger Trubel – **Cava d'Oro:** Ca. 400 m östlich vom Ortszentrum, Ausschilderung zum Hotel Caravia Beach folgen, Tel. 22420 418 00, www.cavadorohotel.gr, DZ im Mai 40 €, im August ab 70 €. 21 Studios und Apartments in einer kleinen, ruhigen Anlage mit schönem Garten am Meer und flach abfallendem, kinderfreundlichem Sandstrand.

Essen und Trinken
Gesund – **Apostólis:** Links an der Hauptstraße in den Ort, tgl. ab 9 Uhr, Hauptgerichte ca. 5–8 €. Drei Palmen und ein Schild mit der Aufschrift »Griechisch Restaurant« markieren die Grilltaverne von Apostólis, die sich durch ihren ländlichen und familiären Charakter wohltuend von den Lokalen unten am Strand unterscheidet. Hier wird das Tzazíki noch selbst gemacht; Gemüse und Salate stammen zumindest zum Teil aus eigenem Anbau.
Liebenswerte Wirtin – **Zwilling/Twins:** An der Kreuzung Hauptstraße/Straße nach Tigáki, tgl. ab 12 Uhr, Hauptgerichte ca. 5–8 €. Leider wenig romantisch direkt an der Kreuzung, dafür aber ein gutes Kaninchen-Stifádo, also Kaninchen in einer roten Sauce mit Zwiebelgemüse, und ein besonders herzlicher Service durch Wirtin Olimbía.

Einkaufen
Für Selbstverpfleger – **Supermarket Constantínos:** Links an der Hauptstraße in den Ort, Mo–Fr 8–22, Sa 8–16 Uhr. Ein Supermarkt, der den Namen verdient. Neben Lebensmitteln werden auch Souvenirs, Haushaltswaren, Spielzeug und Textilien angeboten.

Ausgehen
Im Zentrum – **Images Club:** An der Hauptstraße ca. 120 m vom Meer ent-

fernt, tgl. ab 19 Uhr. Bis 23 Uhr Musik-Café, danach Diskothek mit internationaler Charts-Musik.
Viele Deutsche – **Musik-Café Dancing Insel:** An der Hauptstraße, tgl. ab 18 Uhr. Deutscher Wirt, langer Tresen, internationale Musik.

Sport und Aktivitäten

Go-Karts – **Chrístos Go-Karts Center Marmari:** An der Straße von Marmári nach Tigáki, Tel. 22420 681 84, tgl. 9.30–23 Uhr. Vermietet werden verschiedene Fahrzeugtypen, die z. T. recht hohe Spitzengeschwindigkeiten erreichen. Es gibt auch Go-Karts für Kinder ab drei Jahren. 10 Min. ca. 10 €, 20 Min. ca. 17 €. Elektro-Karts für Kinder 4 € für 8 Min. Bar mit Terrasse und Internet-Café vorhanden.
Reiten – **Salt Lake Riding Centre:** Nördlich der Straße von Marmári nach Tigáki, Mob. 69441 044 46, Bushaltestelle an Chrístos Go-Karts Center, von dort ausgeschildert, Mo–Fr 10–13, tgl. 16–20 Uhr. Die gut Deutsch sprechende Kanadierin Gina und ihr griechischer Mann Jánnis Daoúlas betreiben ihren Reitstall am westlichen Ufer der Saline schon seit 1992. Sie halten etwa zwölf Pferde und Ponys aus aller Welt und wenden sich mit ihren Angeboten vor allem an Familien (15 Min. Ponyreiten 8 €).
Professisonell – **Wassersport-Center Carávia Beach Hotel:** östlich von Marmári, Tel./Fax 22420 419 26, Mob. 69445 584 05, www.caravia-wassersport.de. Über 50 Fanatic-Boards und Riggs für alle Windstärken. Unterricht durch ein internationales Team unter Leitung des Deutschen Holger Bründel und seiner Partnerin Claudia. Auch Kurse in Katamaransegeln.
Auch für Kinder – **Wassersport-Center Fun 2 Fun:** Am Strand vor dem Grecotel Royal Park westlich des Ortszentrums, Tel. 22420 422 06, Mob. 69426 955 76, www.fun2fun-kos.de. Dominique Wermuth bietet Wind- und Kitesurf sowie Katamaransegelkurse an. Für erfahrene Surfer werden bei entsprechenden Winden auch Wavetrips zum Ágios Theólogos Beach an der Westküste organisiert.

Infos und Verkehr

Reisebüro Tigáki Express: An der Stichstraße nahe dem Strand, Tel. 22420 416 66 und 22420 417 72.
Busverbindungen: Von Kos nach Marmári Mo–Sa 9–21 Uhr 7 x tgl., So 9–18 Uhr 6 x. Von Marmári nach Kos Mo–Sa 9.25–21.25 Uhr 7 x tgl., So 9.25–18.25 Uhr 6 x., Fahrpreis 1,80 €.

Mastichári ▶ E 3

Von den drei Badeorten an der Nordküste ist Mastichári der einzige mit einem kleinen, historisch gewachsenen Ortskern und der einzige der drei Orte mit einem Hafen. Viele Kos-Kenner halten zudem die Strände des 370-Seelen-Dorfes für die schönsten an der Nordküste. Leider hat Mastichári von allen koischen Küstenorten am meisten unter dem immer mehr um sich greifenden All-inclusive-Tourismus zu leiden, der zur Schließung von einheimischen Tavernen, Bars und Cafés führt und ganze Orte veröden lässt.

Basilika Ágios Ioánnis

2 km westlich des Ortszentrums kurz vor dem Großhotel Achilléas Beach zwischen Strand und Straße, frei zugänglich vom Strand aus
Von der frühchristlichen Basilika aus der Zeit um 500 sind die Grundmauern und das Taufbecken gut erhalten geblieben; die Mosaike wurden zu ihrem Schutz wieder mit Kies bedeckt.

Der Osten von Kos

Sonnenuntergang am Meer bei Mastichári

Kirche Ágios Geórgios Loízos
An der Straße von Kos nach Mastichári, 400 m hinter dem Wegweiser zum Hotelkomplex Neptun Village rechts von der Straße, frei zugänglich
Die kleine, ganz weiß gekalkte Kapelle steht sehr fotogen neben einer breitkronigen Pinie. Sie wurde vor etwa 800 Jahren unter Verwendung antiker Steinquader und Säulenstümpfe errichtet.

Strände
Weststrand: Breiter Sandstrand, der teilweise von alten Tamarisken beschattet wird.
Oststrand: Die niedrige Steilküste geht bald in ein langes Sandband über, das von teilweise begrünten Dünen begrenzt wird. Liegestühle und Sonnenschirme werden nur an einigen wenigen Abschnitten vermietet.

Übernachten
Zwischenübernachtung – **Sea Breeze:** An der Uferstraße etwa 100 m östl. des Hafenplatzes, 20 Zimmer, Tel. 22420 591 71 und 22420 59 173, www.seabreezekos.gr, DZ Ü im Mai 35 €, im August 45 €. Kleines Hotel mit familiärer Atmosphäre, gut für einen Kurzaufenthalt geeignet. Die Inhaber sprechen gut Englisch.
Edel und gut – **Neptune:** 5 km östlich von Mastichári direkt am Strand, 318 Zimmer, Tel. 22420 414 80, www.neptune.gr, DZ Ü im Mai ab ca. 180 €, im August ab ca. 235 €. Weitläufiges Hotel mit Sport- und Animationsangeboten, Wellnesszentrum, eigenem Wassersportzentrum und eigener Mountainbike-Station. Zimmer und Apartments für bis zu 4 Personen. Meiner Meinung nach das beste Hotel der Insel.

Mastichári

Essen und Trinken
Alteingesessen – **Kalí Kardiá:** Am Hafen, tgl. ab 8 Uhr, Hauptgerichte 6–9 €. Alteingesessenes Restaurant mit einer großen Auswahl auch an gekochten Gerichten, großen Portionen und ausgesprochen gut gelaunten, mehrsprachigen Kellnern. Unbedingt die etwa 300 g schwere Zahnbrasse mit Salzkartoffeln und frischem Gemüse probieren. Und das Ganze für nur 8 Euro!

Kreativ – **Kálimnos:** Am Hafen, tgl. ab 10 Uhr, Hauptgerichte 6–10 €. Taverne und Ouzerí, in der man gut die kleinen, Sardellen ähnlichen Fische essen kann, die mit Kopf und Schwanz in der Friteuse gegart und im Ganzen gegessen werden *(marídes)*. Außerdem kann man hier auch die winzigen Krabben von der Insel Sými und viele eigene Kreationen probieren.

Wie auf Sylt – **Tam-Tam:** Am Strand zwischen dem Hotel Neptune Beach (2 km) und Mastichári Bay (3 km), tgl. 10–22.30 Uhr, www.tamtam.gr, Hauptgerichte ca. 5–8 €. Gepflegtes Restaurant mit Dünenterrasse und Meerblick, deutschsprachiger Bedienung und gutem Essen, darunter frischer Fisch und leckere Pizza. Ideal für Familien mit Kindern, da Tische und Stühle großzügig verteilt auf einer Rasenfläche stehen, auf der Kinder auch spielen dürfen.

Großfamilie – **Traditional Greek House:** Am Strand nördlich des Hafens, Zugang auch von der vom Hafen landeinwärts führenden Straße, tgl. ab 10 Uhr, Hauptgerichte, 5–11 €. Eine der besten Tavernen der Insel mit vielen koischen Spezialitäten. Wirt Savas verwendet in der Küche fast nur Produkte von der Insel, oft von seinen Verwandten hergestellt. So stammt der Joghurt aus der Käserei seines Schwagers. Spezialität des Hauses ist *tirí krassáto,* in Rotwein eingelegter Käse. Das Brot wird im Steinbackofen in der Taverne gebacken. Die freundlichen jungen Mädchen, die beim Bedienen helfen, sind die vier Töchter des Wirtsehepaares.

Sport und Aktivitäten
Überflüssig – **Lido Water Park:** An der Nebenstraße von Mastichári nach Marmári auf Höhe der Hotels Horizon Beach Resort und Marmári Palace, tgl. 10–19 Uhr, www.lidowaterpark.com, Eintritt 18 €. Spaßbad 300 m vom Meer, auf 80 000 m² Liegewiesen, Bars, Fast-Food-Lokale, Wasserrutschen, Whirlpools, Lazy River und Wellenbecken.

Von Profis geführt – **Wassersportzentrum Water-Proof:** 400 m westlich von Mastichári zwischen den Hotels Mastichári Bay und Achilléas Beach, Tel./Fax 22420 420 79, Mob. 6973 354 198, www.water-proof.de. Vom Segelmacher Joe Schimpf und seinem Partner Lars geführte Station, die Equipment für Windsurfer, Hobie Cats, Kanus, Tretboote und Body Boards verleiht. Im Windsurfen und Segeln werden Kurse für Anfänger und Fortgeschrittene angeboten.

Ausgehen
Die Einzige – **Number One Bar:** Im Ortszentrum. Gemütliche Bar mit schöner Terrasse, abends häufig auch Disco-Betrieb.

Infos und Verkehr
Reisebüro Mastichári Travel: An der Hauptstraße, Tel. 22420 512 92, Fax 22420 511 48.

Busverbindungen: Nach Kos-Stadt werktags 8–17.20 Uhr 6 x tgl., zurück 9.10–21 Uhr; So 8–16.15 Uhr 4 x nach Kos, zurück 9.10–17 Uhr 3 x; Fahrpreis 2,60 €.

Der Westen von Kos

Antimáchia ▶ E/F 4

Antimáchia ist noch völlig untouristisch. Das Dorf mit 2200 Einwohnern steht auf einem niedrigen Hochplateau in der Inselmitte und ist stärker von der Landwirtschaft geprägt als viele andere Inselorte. Obwohl es ein sehenswertes Museum und eine historische Windmühle besitzt, ist man doch noch kaum auf Besucher eingestellt. Souvenirläden gibt es im Ort nicht, Tavernen und Kaffeehäuser kaum.

Windmühle und Traditional House (Paradosiakó Spíti)
`direkt 7 |` S. 77

Kastell von Antimáchia
3 km außerhalb des Ortes, an der Hauptstraße ausgeschildert, ständig frei zugänglich
Um den vielen Bauern auf der fruchtbaren Ebene von Antimáchia bei Gefahr von Piratenüberfällen Schutz gewähren zu können, errichteten die Venezianer im 13. Jh. ein großes Kastell am Rande der Felder. Die Johanniterritter bauten die Burg noch aus, um gegen die türkische Bedrohung gefeit zu sein. Die Außenmauern mit ihren Zinnen sind gut erhalten, das Doppeltor trägt noch das Wappen des Ordensgroßmeisters Pierre d'Aubusson aus dem Jahr 1494. Das Innere der Burg hat sich jedoch die Natur zurückerobert. Nur einige Zisternen und zwei kleine Kapellen sind noch halbwegs intakt.

Wald von Pláka (Dásos Plákas)
3 km nordwestlich des Ortes: zunächst etwa 1 km auf der Hauptstraße in Richtung Kéfalos fahren, dann nach Umrundung des nördlichen Flughafenendes an einer Kapelle mit blauem Dach auf eine nicht ausgeschilderte Asphaltstraße nach rechts abbiegen
Der Kiefern- und Pinienwald an den Ufern eines ganzjährig Wasser führenden Baches ist ein beliebtes Ausflugsziel der Einheimischen. Vor allem an Sonn- und Feiertagen kommen Familien und Freundeskreise hierher, um zu grillen, zu feiern und vielleicht auch ein paar Minuten spazieren zu gehen.

Essen und Trinken
Ritterlich – **Castle:** An der Zufahrtsstraße zum Kastell, tgl. ab 10 Uhr, Hauptgerichte 5–7 €. Einfache, familiäre Taverne mit Durchschnittsessen, aber besonders schönem Blick auf die Zinnen der Burg.

Termine
Kirchweihfeste: Mit griechischer Livemusik und Tanz am Abend des Pfingstsonntags, am 29. Juli und am 14. Aug. Am 15. Sept. Kirchweihfest an der Kapelle Ágios Nikítas mit Ziegensuppenessen und Weinausschank.
Faschingssonntag: Buntes Karnevalstreiben, bei dem zwar viele moderne Kostüme tragen, einige aber auch die alten *kókchala*, die traditionellen, wilden Kostüme aus ganzen Ziegenfellen mitsamt den Köpfen. ▷ S. 79

7 | Ländliches Leben – ein Haus in Antimáchia

Karte: ▶ F 4 | **Dauer:** ca. 30 Minuten

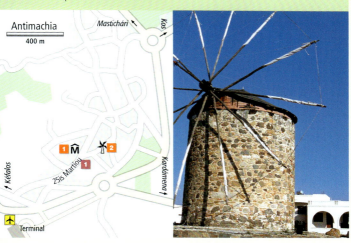

Wie die Bauernfamilien auf Kos noch bis vor etwa 50 Jahren lebten, zeigt ein liebevoll gestaltetes Bauernhausmuseum gegenüber der restaurierten, aber nicht zugänglichen Windmühle im Zentrum von Antimáchia.

Nicht nur für Urlauber, sondern auch für die eigene Inseljugend hat der Kulturverein von Antimáchia ein 150 Jahre altes **Traditionelles Haus** 1 als eine Art Bauernhausmuseum eingerichtet. Hier wird der gewaltige Sprung im Lebensstandard deutlich, der sich auf der Insel seit etwa 1975 vollzogen hat – dank des Tourismus und der vielen Koer der älteren Generation, die in ihrer Jugend in Mitteleuropa oder in den USA und Australien gearbeitet haben.

Flirt beim Wasserholen

Das Haus ist ebenerdig und steht an einem kleinen, heute gepflasterten und blumenreichen Hof. Auf der linken Seite des Hofes stehen drei mit Naturschwämmen verschlossene Tonkrüge, die sogenannten *stámnes,* auf Zweigen auf einem aufgemauerten Podest, dem *stamnostásis.*

Mit den Krügen holten die Mädchen der Familie das Wasser vom Dorfbrunnen. Diese Aufgaben erledigten sie sehr gern, gab ihnen der Gang durchs Dorf zum Brunnen doch die seltene Gelegenheit, mit den jungen Burschen Blicke und Scherze auszutauschen. Im unteren Teil des *stamnostásis* wurden die Hühner der Familie nachts zusammengepfercht, die tagsüber frei auf dem Hof herumlaufen durften.

Der Westen von Kos

Vom *stamnostásis* aus erkennen Sie hinter dem Bauernhaus einen kleinen runden Bau. Darin zog die Besitzerfamilie früher alljährlich ein Schwein groß, das dann jeweils im Oktober oder kurz vor Weihnachten geschlachtet wurde. Das war immer ein großes Fest, zu dem die ganze Familie und viele Freunde eingeladen wurden. Wie bei Schlachtfesten bei uns stellte man dann auch eine Art Sülze, die *piktí*, her und pökelte einen Teil des Fleisches ein.

Vier Räume ohne Zwischentüren

Die Eintrittskarten zum Museum werden im ehemaligen *salóni* ausgegeben, dem schönsten und größten Raum des Hauses. Insgesamt bestand das Gebäude aus vier Räumen, die untereinander nicht durch Türen verbunden waren. Jeder Raum war nur einzeln vom Hof aus zugänglich. So konnte man die recht kleine Grundfläche optimal nutzen.

Im *salóni* wurden Gäste bewirtet. Auf der niedrigen, über vier Stufen zugänglichen Schlafempore, dem *tavládos*, schliefen zudem die männlichen Kinder der Familie. Der Hohlraum unter der Empore diente als Lager für Hausrat, Decken, Teppiche und Vorräte aller Art. Hier lagerten auch die Karnevalskostüme der Familie, denn der Karneval spielte auf Kos noch bis in die Nachkriegszeit hinein eine wichtige Rolle im Festtagskalender. An den Wänden hängen billige Drucke, die die Sage von der schönen Genoveva illustrieren. Zudem sind in diesem Raum heute je eine männliche und eine weibliche Sonntagstracht ausgestellt.

Hinter dem *salóni* liegt der Stall, der heute von ihm aus, früher aber nur von der Rückseite des Hauses her zugänglich war. Hier hielt man meist eine Ziege und einige Schafe – und eventuell auch eine Kuh. Heute sind im Stall historische Arbeitsgeräte ausgestellt und auch ein Gestell zum Trocknen von Tabakblättern: Tabak war auf Kos während der Zeit des Osmanischen Reiches eines der wichtigsten Anbauprodukte.

An den *salóni* schließt sich auf der Vorderseite des Hauses das von der Familie am meisten genutzte Zimmer an. Hier schliefen im einzigen Bett des Hauses die Eltern und auf dem *tavládos* deren Töchter. Kleinkinder in der Wiege konnten von der Mutter mittels einer Schnur gewiegt werden, ohne dass sie dafür aufstehen musste. Heute ist in diesem Raum die Alltagskleidung der Bauern jener Zeiten zu sehen.

Der Eingang auf der rechten Seite des Hofes führt in den Wirtschaftsraum mit Webstuhl, Backofen und Küche. Hier hat die Familie auch gegessen. Das gesamte Anwesen macht einen bescheidenen, aber keinen ärmlichen Eindruck.

Die Windmühle [2]

Vor dem Zweiten Weltkrieg drehten sich in und um Antimáchia über 100 Windmühlen, brachten dem Dorf bescheidenen Wohlstand. Heute ist davon nur noch eine einzige halbwegs intakt erhalten. Die Gemeinde hat sie 2002 restaurieren lassen. Sie ist wahrscheinlich um 250 Jahre alt; bis ins Jahr 2000 wurde hier noch gelegentlich Korn gemahlen. Jetzt fehlt das Geld zur Bezahlung eines ›Museumsmüllers‹.

Info
Traditional House [1]: Im Dorfzentrum, Mo–Sa 9–17, So 11–15 Uhr, Eintritt 1,50 €.

Kleine Rast: Am Traditional House bietet ein Kiosk auch schattige Sitzgelegenheiten. Kaffees serviert das **Café Mylópetra** [1] schräg gegenüber.

Kardámena

Verkehr

Fernbusverbindungen zur Stadt Kos Mo–Sa 6 x tgl. zwischen 7.45 und 17.15 Uhr 4 x tgl., So um 8, 10.40 und 16.15 Uhr, letzte Rückfahrt nach Kos-Stadt werktags um 21, So um 17.15 Uhr. Fahrpreis 2,20 €. Außerdem halten die Fernbusse nach Kardámena und Kéfalos am Ortsrand von Antimáchia.

In der Umgebung
Vom Magic bis zum Ágios Stéfanos Beach: `direkt 8|` S. 80

Kardámena ▶ G 5

An Kardámena scheiden sich die Geister. Alte Bausubstanz besitzt der 1865 neu gegründete Ort bis auf ein paar Windmühlenstümpfe in Ufernähe überhaupt nicht mehr; romantische Winkel fehlen völlig. Kardámena hat nur 1800 Einwohner, wie aber vom Massentourismus geprägt wie kein anderer Ort auf Kos. McDonald's ist gleich doppelt an der Uferpromenade vertreten, die Flagge der Kette weht am Strand am gleichen Fahnenmast wie die Flagge Griechenlands. 2010 hing die Landesfahne zwar noch ganz oben, aber die Rangfolge wird sich wahrscheinlich bald ändern.

Englisch ist in Kardámena die allgemeine Umgangssprache, Griechisch liest man kaum. Die Kneipendichte ist noch höher als in der Stadt Kos, die Discos und Music Clubs sind fast ebenso zahlreich. In Kardámena ist nachts viel los, tagsüber gewinnt man einen ganz anderen Eindruck. Auf der langen, gänzlich auto- und mopedfreien Uferpromenade reiht sich Café an Café; meist kann man direkt am Hafenbecken sitzen, in dem Ausflugsschiffe, Fischerkähne und Sportboote einträchtig nebeneinander liegen. Hinter der Hafenmole schweben Fallschirmgleiter am Himmel, in der Ferne ragt die Nachbarinsel Níssyros aus der Ägäis. Solch eine schöne Uferpromenade besitzt kein anderer Ort auf Kos.

Kirche Genésis tis Theotókou (Panagía)

Im Dorfzentrum nahe der Busstation, tgl. ca. 7–13 und 17–18.30 Uhr
Die Mariä Geburt geweihte Kirche mit ihrer blauen Kuppel scheint das einzig schöne Gebäude im Ort zu sein. Innen ist sie fast vollständig mit neuen Fresken im traditionellen Stil ausgemalt.

Strände
Ortsstrand: Die Sandstrände unmittelbar vor dem Ortskern sind meist überfüllt.

Weststrand: Westlich erstreckt sich ein kilometerlanger breiter Sandstrand bis über das Hotel Lagas Aegean Village hinaus. Nur stellenweise Liegestühle und Sonnenschirme.

Oststrand: Östlich ist der Strand schmaler, aber auch weniger frequentiert. Störend mögen die kleinen Bunker wirken, in denen die Griechen sich im Fall eines türkischen Angriffs verteidigen wollen.

Übernachten
Eine Oase – **Olympia Mare:** An der Uferstraße 1,7 km westlich von Kardámena, Tel. 22420 917 11, www.olympiamare.com, DZ im Mai 50 €, im August 90 €, jede weitere Person 15–20 €. Die kleine Anlage der Familie Katsíllis mit 16 sehr geräumigen Studios liegt auf einem großen Rasengrundstück unmittelbar an einem ruhigen Sandstrand ohne Liegestuhlvermietung. Unter Tamarisken sind Hängematten gespannt, stehen Tische und Stühle. Alle Studios haben Meerblick und Klimaanlage, zwei von ihnen sind auch rollstuhlgerecht. ▷ S. 83

8 | Herrliche Strände – vom Magic bis zum Ágios Stéfanos Beach

Karte: ▶ C–E 5/6 | **Dauer:** Tagestour mit Auto oder Motorrad

Trotz Massentourismus gibt es auf Kos noch nahezu unverbaute, kilometerlange Sandstrände. Die schönsten liegen im westlichen Teil der Südküste. Stichstraßen führen von der Straße zwischen Flughafen und Kéfalos-Halbinsel aus hinunter. Hier findet fast jeder seinen persönlichen Traumstrand.

Eigentlich handelt es sich beim gesamten Sandband zwischen Polémi und Paradise Beach um einen einzigen etwa 10 km langen und 30–50 m breiten Strand, der für die Einheimischen nie einen Namen hatte. Erst seitdem an einigen wenigen Punkten entlang des Strandes improvisierte Beach Bars oder Tavernen entstanden, zu denen zunächst nur holprige Pisten hinunterführten, wurde es notwendig, ihnen Namen zu geben – meist die Namen der jeweiligen Taverne. Nur an ganz wenigen Stellen stehen Liegestühle und Sonnenschirme, nirgends eine Pension oder gar ein Hotel. Wer gern nackt badet, findet abseits der Beach Bars und Tavernen dazu weiterhin Gelegenheit genug. Auf griechische Familien sollte man freilich Rücksicht nehmen.

Exotik à la Kos

An der Abzweigung zum **Polémi Beach** 1 und zum **Magic Beach** 2 verkauft ein Imker in einem improvisierten Laden seinen Thymianhonig. Die Zementstraße führt durch ein wildes Erosionstal hinunter zum 800 m entfernten **Restaurant Magic Beach** 1, das sich seines frischen Fisches rühmt. 200 m weiter ist der Magic Beach erreicht. Ein zweiter Wegweiser mit der Aufschrift »Polémi Beach is exotic« führt von hier am Strand entlang auf einer sehr guten Piste 200 m weiter bis zum Polémi Beach. Sein Markenzeichen sind zwölf Palmstrohschirme.

8 | Vom Magic bis zum Ágios Stéfanos Beach

Strände dicht an dicht
Zurück auf der Hauptstraße zwischen Flughafen und Kéfalos, folgt nach 900 m die beschilderte Abzweigung zum Psilós Gremós, auch **Sunny Beach** 3 genannt. Die Straße hinunter ist 600 m lang – vom Magic Beach zum Sunny Beach geht man hingegen nur 300 m über den Sand.

An der Hauptstraße folgt schon 100 m nach der Abzweigung zum Sunny Beach die Abzweigung zum **Márkos Beach** 4, der nach 500 m erreicht ist. Unterhalb der Taverne, die ein freundliches älteres Ehepaar recht traditionell führt, sind einige Sonnenschirme und Liegestühle zu vermieten, ansonsten ist auch hier alles ganz untouristisch.

Wiederum 700 m weiter zweigt von der Hauptstraße eine Stichstraße zum **Langádes Beach** 5 ab. Es gibt eine Snack-Bar, ein paar Sonnenschirme und eine Jetski-Vermietung.

Viel los im Paradies
Im Gegensatz zu diesen ersten fünf Strandabschnitten ist der **Paradise Beach** 7 touristisch bestens erschlossen. Nur dieser Strand wird auch direkt von Linienbussen angefahren, zu allen anderen muss man von der Haltestelle an der Hauptstraße aus zu Fuß gehen. Liegestühle und Sonnenschirme stehen in mehreren Reihen, allerlei Wassersportarten werden angeboten. Die Großtaverne etwas oberhalb des Strandes ist die größte weit und breit. Im östlichen Teil des Strandes entspringen schwache Süßwasserquellen im Meer und führen zur Luftbblasenbildung –

Ein weißes Kapellchen ziert die Insel Nísi Kastrí

Der Westen von Kos

deswegen wird er auf Englisch auch **Bubble Beach** 6 genannt.

Sonnenbad in der Kirche

Ein kurzes Stück Felsküste trennt den Paradise vom **Camel Beach** 8. Eine 200 m lange Stichstraße führt zum **Camel Restaurant** 2, das etwa 80 m hoch über dem Meeresspiegel liegt. Eine Piste führt von hier steil hinunter zur trendigen **Beach Bar** 3 am etwa 200 m langen Strand.

An der Hauptstraße folgt 1100 m weiter die Zufahrt zum **Ágios Stéfanos Beach** 9 an der weiten Kéfalos-Bucht. Sie führt durch das Gelände des ehemaligen Club Med und endet vor aus dem Sand aufragenden Überresten der frühchristlichen Basilika **Ágios Stéfanos**. Wie die meisten Altertümer auf Kos wird auch sie nicht durch Zäune vom modernen Leben isoliert, sondern kann ins Urlaubstreiben mit einbezogen werden. Sonnenanbeter mit Sinn für Romantik breiten ihre Handtücher inner- und unterhalb der alten Gemäuer aus.

Italienische Archäologen legten sie 1932 frei und richteten anschließend auch einige der zierlichen Granitsäulen der um 500 erbauten Kirche wieder auf. Mehrere Mauern sind etwa brusthoch erhalten; noch deutlich zu erkennen ist das kreuzförmige Becken für die Erwachsenentaufe im unmittelbar nördlich an die Basilika anschließenden Baptisterium. Ganz dicht vor dem Strand ragt schräg gegenüber die kleine Felsinsel **Kastrí** 10 aus dem Wasser, auf dem nur eine kleine, verschlossene Nikólaos-Kapelle steht. Wer mag, kann hinüberwaten und schwimmen. Auch mit Kindern ist das gut möglich.

Info

Busse und Boote: Während der Saison halten die Linienbusse zwischen der Stadt Kos oder Kardámena nach Kéfalos am Paradise Beach. Von Kardámena und Kamári aus fahren Badeboote zum Bubble Beach.

Sonnenschirme: Ein Schirm und zwei Liegestühle kosten meist 6 €, am Paradise Beach 7 €.

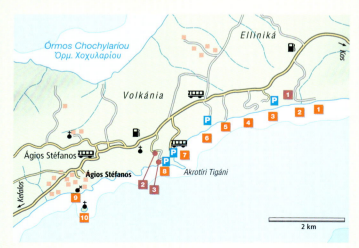

Kardámena

Die Haltestelle der Buslinie, die die Anlage im Sommer 11 x tgl. mit Kardámena verbindet, befindet sich direkt vor dem Haus.

Schönes Dorf – **Lagas Aegean Village:** 2 km westlich des Ortes, 330 Zimmer, Tel. 22420 914 01, www.aegean village.com, April–Okt., DZ Ü/F im Mai ab 60 €, im Juli 70 €. Das weitläufige Hotel ist im Stil eines Dorfes auf den Kykladen-Inseln am Hang eines niedrigen Hügels erbaut; die Häuser sind ganz in Weiß und Blau gehalten. Zum Strand geht man je nach Lage des Zimmers 100–400 m, innerhalb der Hotelanlage verkehrt rund um die Uhr ein Hotelbus. Für Kinder zwischen 4 und 12 Jahren gibt es einen Mini-Club; vielerlei Sportarten können gegen Gebühr ausgeübt werden. Architektonisch die gelungenste Hotelanlage der Insel!

Essen und Trinken

Britisch geprägt – **Genesis:** Am Platz hinter dem Sandstrand, ca. 200 m östlich des Hafens, tgl. 10–23 Uhr, Hauptgerichte 6–10 €. Hier können Sie die viel geschmähte englische Küche kennenlernen und sich ein eigenes Urteil bilden: über Schweinebraten mit Apfelmus, Rinderbraten mit Yorkshire Pudding oder auch Shepherd's Pie zum Beispiel. Über 20 Variationen von Jacket Potatoes gibt's außerdem.

Echt griechisch – **Ta Adélfia:** An der Straße zum Lagas Aegean Village, hinter der Brücke am westlichen Ortsrand, tgl. 9–13.30 und ab 16.30 Uhr, Hauptgerichte 5–8 €. Eines der ältesten und ursprünglichsten Restaurants des Ortes. Den fehlenden Meerblick macht die Inhaberfamilie durch gute Küche und große Portionen zu günstigen Preisen wett. Das in Folie gebackene Lammfleisch Kléftiko ist ebenso zart wie der Lammbraten mit echt englischer Minzsauce; die Pizzen sind groß und perfekt. Die Speisekarte ist nur auf Griechisch und Englisch abgefasst.

Ausgehen

Oldies – **Flamingo Club:** An der Parallelgasse zur Uferpromenade östlich der Platía, tgl. ab 21 Uhr. Langer Tresen, Carwash, Musik der 1970er-, 1980er- und 1990er-Jahre.

Zeitgemäß – **Jolly Roger:** An der Uferpromenade, etwa 100 m östlich der Platía, tgl. ab 22 Uhr. Garage, House, Drum 'n' Bass.

Auch Karaoke – **Music Pub Downtown By Tony:** In der Parallelgasse zur Uferpromenade auf Höhe des östlichen Hafenanlegers, tgl. ab 21 Uhr. Das Souterrain-Pub verspricht die verrücktesten Parties der Stadt. Los geht es meist mit Karaoke bis Mitternacht, danach kann bis 3.30 Uhr zu Charts-Musik getanzt werden.

Verrückt – **Mad Club:** An der 2. Parallelgasse zur Uferpromenade, östlich der Platía, tgl. ab 24 Uhr. Hier trifft man sich vor allem zu Indie und Rock.

Die Größte – **Status Disco Club:** Nahe der Straße nach Antimáchia am nördlichen Ortsrand, tgl. ab 22 Uhr. Außen post-, innen hochmodern gibt sich die heißeste Disco des Ortes. Für Kühlung sorgt nur die Aircondition, unterm Sternenhimmel tanzen kann man hier nicht. Angesagt sind überwiegend Hip Hop, UK Garage und Funky House.

Feuchtfröhlich – **Zoom Club:** An der Parallelgasse zur Uferpromenade östlich der Platía, tgl. ab 23 Uhr. Während der ganzen Saison freitags Schaumpartys, in der Hauptsaison auch öfter.

Sport und Aktivitäten

Tauchen – **Arian Diving Center:** Tel./Fax 22420 924 65, www.arian-diving -centre.com. Täglich um 9.30 Uhr Ausfahrten mit den Taucherschiffen ›Arian‹ oder ›Kouros‹. Man kann Tauchkurse

Der Westen von Kos

Fischerhafen in Kardámena

buchen, aber auch einen Probetauchgang ohne Vorkenntnisse unternehmen. *Wassersport* – **Stationen** am Stadtstrand östlich und westlich des Hafens sowie an mehreren Stränden zu beiden Seiten der Stadt.

Termine
Kirchweihfest der Mariengeburt: Am Abend des 7. Sept. zieht die Gemeinde nach dem Gottesdienst mit der Marienikone der Dorfkirche durch die Straßen des Ortes. Am Nachmittag des 8. Sept. wird dann auf dem Kirchplatz mit mitgebrachtem Essen, Wein und Oúzo sowie griechischer Livemusik gefeiert und getanzt.

Infos und Verkehr
J & D Travel: Am Hauptplatz, auch Schließfächer für Wertsachen, Tel. 22420 915 16, Fax 22420 918 45, tgl. 10–22 Uhr, Schließfachmiete 2 € pro Tag, 10 € pro Woche.

Busverbindung: Nach Antimáchia, Zipári und Kos werktags 7.50–17.10 Uhr 5 x tgl., zurück ab Kos 9.10–21 Uhr. Sonntags nur 3–4 Verbindungen 7.50–16 bzw. 9.10–17 Uhr. Fahrpreis bis Kos-Stadt 2,90 €. Während der Saison 2 x tgl. Verbindung zum Paradise Beach, Fahrpreis 3,20 €. Stadtbusverkehr tgl. 9–1.30 Uhr etwa 11 x zwischen der Platía und dem Norida Beach Hotel sowie der Platía und dem Hotel Lagas Aegean Village.

Schiffsverbindungen: Die kleine **Fähre ›Panagía Spilianí‹** fährt Mo und Mi um 14.30, Fr um 16 und So um 18 Uhr von Kardámena nach Níssyros. Rückfahrt von dort direkt nach Kardámena Mo, Mi und Fr um 7.30, So um 15

Kéfalos

Uhr. Fahrzeit ca. 40 Min., Fahrpreis 10,90 €.

Außerdem verkehrt während der Saison nahezu täglich ein **Ausflugsboot nach Níssyros,** Start zur Hinfahrt ca. 9 Uhr, die Rückfahrt ist meist für ca. 16 Uhr geplant.

Kéfalos ▶ B 6

Das 2500 Einwohner zählende Kéfalos ist das einzige Dorf im Westen der Insel. Es ist deutlich in zwei Teile gegliedert. Der alte Ort liegt hoch über der weit geschwungenen Bucht von Kéfalos am Rande der Halbinsel gleichen Namens. Sie fällt hier steil zu einer schmalen, sichelförmigen Küstenebene ab, die Kámbos genannt wird. Noch vor 30 Jahren lagen dort unten nur die Felder der Kefalioten, bot der kleine Hafen Kamári den Fischerbooten Schutz. Die Ebene ist heute locker mit kleinen Hotels, Pensionen, Tavernen und Geschäften bebaut; dazwischen wird aber immer noch etwas Landwirtschaft betrieben.

Im Bergdorf Kéfalos hingegen fasst der Tourismus nur langsam Fuß. Hier sitzen die älteren Frauen abends noch handarbeitend vor ihren Haustüren, die älteren Männer den ganzen Tag über dösend, diskutierend oder auch távli- und kartenspielend im Kafénio. Lastentragende Maultiere sind in Kéfalos häufiger zu sehen als anderswo auf der Insel; gelegentlich werden sogar noch Schweine oder Kühe durch die Dorfstraßen getrieben. Die Windmühlen des Dorfes stehen allerdings schon lange still. Fremdenzimmer werden im Bergdorf offiziell gar nicht vermietet; einige Hotels stehen jedoch am steilen Hang zwischen Kéfalos und dem Kámbos.

Burgruine
Am Rande des Bergdorfes Kéfalos; bei Erreichen des Ortes nach rechts auf den Parkplatz abbiegen und dann die Straße noch etwa 100 m weiterfahren; ständig frei zugänglich

Von der kleinen Burg am Steilabfall zur Kámbos-Ebene hin hatten die wachhabenden Johanniterritter den Inselwesten bis zum Díkeos-Massiv im Blick.

Strände
Kéfalos Beach: Der Strand an der Kéfalos-Bucht reicht vom kleinen Hafen im Westen bis unter das Kap, das die Bucht nach Osten hin begrenzt. Zwischen Hafen und dem Bootsanleger in der Mitte der Bucht ist er schmal und mit Kies durchsetzt, östlich davon wird er breiter und sandig. Insgesamt ist er über 3 km lang. Sonnenschirme und -liegen werden an allen Abschnitten vermietet, Bars und Tavernen liegen teils direkt am Strand, teils dicht dahinter.

Übernachten
Nette Familie – **Panórama:** Aus Richtung Flughafen links der Küstenstraße dort, wo sie sich zum Kámbos von Kéfalos abzusenken beginnt. Tel. 22420 715 24, www.kefalos.com, April bis Okt., DZ Ü/F 40–45 €. Einsam auf dem Fels über dem östlichen Ende der Bucht von Ágios Stéfanos liegt das Apartmenthaus von Katerina, Sévy und Diamándis Diamándis, die ausgezeichnet Deutsch sprechen. Das an der Straße von Kos her ausgeschilderte Haus hoch über dem Meer bietet seinen Gästen den besten Meerblick der Insel. Zum nächsten Strand geht man ca. 15 Min., zur nächsten Bushaltestelle 3 Min. Das Apartmenthaus Panorama eignet sich am besten für ruhesuchende Urlauber, die abends lieber auf dem Balkon sitzen als in Kneipen, sich auch gern mal mit ihrer griechischen Wirtsfamilie unterhalten wollen und Spaziergänge bergauf und bergab nicht scheuen oder mo-

Der Westen von Kos

torisiert sind. 17 Apartments für bis zu 4 Pers.
Anglophil – **Zeus:** Im Kámbos, Ortsteil Skála, 58 Zimmer, Tel. 22420 715 90, www.zeushotel.gr, Mai–Okt., DZ Ü/F 40–50 €. Einfaches, dreigeschossiges Hotel, 200 m landeinwärts ruhig in der Küstenebene gelegen. Kleiner Süßwasser-Pool, freundlich-familiäre Atmosphäre. Überwiegend britische Gäste.

Essen und Trinken

Ganzjährig – **Fáros:** Am Hafen von Kamári, tgl. ab 10 Uhr, Hauptgerichte 6–10 €. Alteingesessene, häufig auch von den Einheimischen besuchte Fischtaverne mit viel Flair. Als einzige Taverne von Kéfalos ist das Fáros (›Leuchtturm‹) auch im Winter geöffnet.
Aus dem eigenen Garten – **Katerína:** Am östlichen Ende des Strandes von Ágios Stéfanos, tgl. ab 8 Uhr, Hauptgerichte 5–8 €, Fischplatte für 1 Person 9,50 €, Fischplatte mit Meeresfrüchten für 2 Personen 38 €. Sehr familiär geführte, preiswerte Taverne unmittelbar am Strand, die dort auch Liegestühle und Sonnenschirme vermietet. Der Wirt bringt nach Möglichkeit nur Obst, Gemüse, Fleisch und Fisch aus der Region Kéfalos auf den Tisch.
Deutsche Wirte – **Megálo Mýlos:** An der Straße nach Limiónas, tgl. ab 10 Uhr, Kaffee und Kuchen ca. 4–6 €. Abseits des Dorfes hat sich ein deutsches Paar einen Traum erfüllt und eine wie alt wirkende Windmühle ganz neu erbaut. Die Flügel fehlen ihr zwar, doch dafür umgibt sie ein hübscher kleiner Garten. Bei Kaffee, selbst gebackenen Kuchen und kleinen Gerichten sitzt man hier sehr ruhig mit weitem Blick gen Westen über Insel und Meer.
Fisch auch für Anfänger – **Stamatía:** In Skála, unmittelbar neben dem Anleger, tgl. ab 10 Uhr, Hauptgerichte 5–8 €. Schöne Terrasse über dem Strand. Frischer Fisch, der sonst meist nur nach Gewicht verkauft wird, ist hier auch portionsweise erhältlich.

Sport und Aktivitäten

Flämisch – **Katamaran-Segeln:** CAT Adventures, Tel. 0032 494 18 75 95, www.catadventures.be. Spezialisten für diese Sportart sind der Flame Dirk Trio und seine Frau Ann. Sie sind von Juli bis September am Strand von Kámbos zu finden, ansonsten arbeitet Dirk als Sportlehrer bei Brügge.
Mountainbiking – **Mountainbikes und Tourenräder** vermietet ein namenloser Anbieter direkt an der Uferstraße. Sind all ihre Bikes an Hausgäste vermietet, kann man gute Mountainbikes auch bei CAT Adventures am Strand mieten.
Für Starkwind-Fans – **Wind- und Kitesurfing:** Unter Surfern gilt die Bucht von Kéfalos als ideales Speedrevier. Der Wind weht hier meist schräg ablandig und häufig um 2–3 Beaufort stärker als anderswo an den Küsten der Insel. Nachmittags erreicht er oft 6, manchmal sogar 8 Beaufort. Im Uferbereich, 25–50 m vom Strand entfernt, ist er oft recht böig, legt dann aber kräftig zu und wird konstant. Diese idealen Verhältnisse nutzen mehrere Surfstationen, die auch Unterricht geben. Dazu zählt die deutschsprachige Station **Kéfalos Windsurfing,** deren Chef Jens Bartsch aus der Schweiz stammt (Tel./Fax 22420 71 727 im Sommer, im Winter Tel./Fax 0041 794 693 606, www.kefaloswindsurfing.com).
Auf See – **Bootsausflüge:** Zur Nachbarinsel Níssyros mehrmals wöchentlich vom Hafen oder vom Bootsanleger Skála aus. Dauer der Überfahrt ca. 50 Min., 16 €, Termine hängen in den Reisebüros aus. Tgl. Boote von Skála zum Paradise Beach um 10 und um 10.30 Uhr, Rückfahrt 16 und 17 Uhr.

Kéfalos

Ausgehen
Schon lange da – **B52:** An der Uferstraße zwischen dem Anleger von Skála und dem Hafen von Kamári, neben dem Hotel Sydney, tgl. ab 10 Uhr. Cocktailbar mit Meerblick, nach Mitternacht im Innenraum Discobetrieb.

Oldies – **Popeye's Bar:** An der Hauptstraße in der Küstenebene, tgl. ab 17 Uhr. Openair-Music-Club mit Pool, Musik aus den letzten vier Jahrzehnten.

Trendig – **Siwa:** An der Hauptstraße in der Küstenebene, 100 m östlich von Popeye's Bar, tgl. ab 22 Uhr. Disco und Night Club.

Für Absacker – **Survivor:** In Kámbos an der Hauptstraße. Disco, in der die letzten ›Überlebenden‹ der Nacht bis zum Morgen weiterrocken können.

Termine
25./26. Juli: Kirchweihfest Agía Paraskeví an der gleichnamigen Kirche im Ortsteil Kamári.
14./15. August: Großes Kirchweihfest mit Musik und Tanz in Kéfalos.
28./29. August: Kirchweihfest im verlassenen Kloster Ágios Jánnis.

Verkehr
Busverbindungen: Von Kéfalos zum Paradise Beach und nach Kos werktags 7.30–15.15 Uhr 3 x tgl., So um 7.30, 10 und 16 Uhr. Von Kos nach Kéfalos werktags 9.10–21 Uhr 4 x tgl., So um 9.10, 13 und 17 Uhr. Fahrpreis 4 €. 2 x tgl. vom Paradise Beach nach Kardámena, Fahrpreis 3,50 €.

In der Umgebung
Kéfalos-Halbinsel:
direkt 9| ▶ S. 88

Limiónas ▶ B 5
Limiónas ist nicht mehr als ein kleiner, nüchterner Fischereischutzhafen. Direkt am Hafen gibt es einen etwa 100 m langen, schmalen Sandstrand, an dem einige wenige Sonnenschirme und -liegen vermietet werden. Kiesstrand: In der unmittelbar westlich gelegenen Bucht ist der kurze Strand naturbelassen und wird nur selten genutzt. Die einst exzellent Fischtaverne ist durch den Ansturm ganzer Busladungen voller Touristen das Geld Individualreisender nicht mehr wert.

Ruine einer frühchristlichen Basilika am Ágios Stéfanos Beach

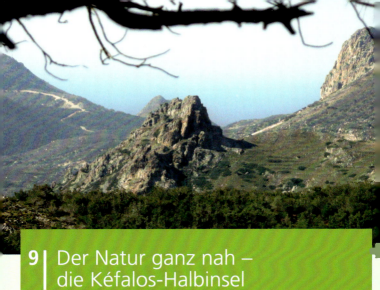

9 | Der Natur ganz nah – die Kéfalos-Halbinsel

Karte: ▶ A–C 5–8 | **Dauer:** ein Tag

Der äußerste Westen der Insel gehört noch ganz der Natur. In einem Wäldchen versteckt sich ein antikes Theater, ein verlassenes Kloster ist ein idealer Picknickplatz. Kräftige Wellen branden an menschenleere Strände – und der Blick reicht weit übers offene Meer bis hinüber zur Insel Mýkonos.

Kirchen und antike Ruinen

Vom Bergdorf **Kéfalos** 1 folgen Sie den Wegweisern am Ortseingang Richtung Ágios Ioánnis. Nach 1 km führt ein kurzer Stichweg zur ausgeschilderten Kirche **Panagía Kastrianí** 2 aus dem Jahr 1988. 15 m von ihr entfernt steht die Ruine einer alten Kirche, die aus Quadern eines antiken Dionysos-Tempels aufgemauert war, der in der Antike an dieser Stelle stand. Mit etwas Glück sehen Sie hier meist besonders große Eidechsen.

700 m weiter macht dann ein kleines **Schild mit der Aufschrift »Palatia«** 3 auf die zwei verbliebenen Stufen und die geringen Reste des Bühnengebäudes eines hellenistischen Theaters aufmerksam. Es gehörte zur Stadt Astypalaia, in der 460 v. Chr. der berühmte Arzt Hippokrates geboren wurde. Erhalten blieben Teile von zwei Sitzreihen und Steinblöcke, die vom einstigen Bühnenhaus stammen – das den Theaterbesuchern den schönen Blick in die Landschaft versperrte.

Ein paar Schritte vom Theater entfernt sind geringfügige Spuren eines antiken Tempels aus dem 2. Jh. v. Chr. zu erkennen, der der Fruchtbarkeitsgöttin Demeter geweiht war. Sie galt als Schutzpatronin der Getreidebauern. Hier fanden die Archäologen die kopflose Demeter-Statue und den Kopf einer Herakles-Statue, die heute im Archäologischen Museum der Stadt Kos zu sehen sind.

9 | Kéfalos-Halbinsel

Picknick im Kloster
Nach weiteren 2,5 km auf der Asphaltstraße erreichen Sie das verlassene Kloster **Ágios Ioánnis Thymianós** 4. Ein paar Stufen führen zu den Ruinen eines kleinen Zellentraktes hinunter und weiter auf den von einer uralten Platane beschatteten Festplatz vor dem Kirchlein, das Johannes dem Täufer geweiht ist. Ein großes Kirchweihfest findet hier am Abend des 28. und am 29. August statt. Dann bevölkern griechische Familien für ein oder zwei Tage die Klosterzellen, in denen für den Rest des Jahres niemand mehr wohnt. Wenn Sie für ein Picknick eingekauft haben, ist dies der ideale Platz dafür.

Nun wieder etwa 130 m zurück, dann zweigt ein schmaler Feldweg scharf nach rechts ab, dem Sie mit einem Jeep etwa 3 km weit bis an sein Ende folgen können. Dort steht die moderne Kapelle **Ágios Mámas** 5, die dem Schutzheiligen der Hirten und Herden geweiht ist. Von hier aus ist der Blick auf die Südspitze der Halbinsel, das Kap Krikéllo, besonders schön. Keine Straße führt dorthin; nur Wanderer erreichen es.

Häufig Wellenschlag
Vom Kloster fahren Sie nun wieder ein Stück in Richtung Kéfalos zurück, um an einer ausgeschilderten Abzweigung nach links zum auch ›Sunset Wave Beach‹ genannten Strand **Ágios Theológos** 6 abzubiegen. Ein schmaler, meist fast menschenleerer Sandstrand zieht sich hier zwischen der oft kräftigen Brandung und einem niedrigen Steilufer entlang; einige wenige Sonnenschirme aus Palmstroh verleihen ihm einen etwas exotischen Charakter. Das Hinterland ist unfruchtbare Heide.

Bevor Sie nach Kéfalos zurückkehren, können Sie von der Straße bei erster Gelegenheit nach links zum einsamen **Kata Beach** 7 abbiegen.

Infos
Länge der Rundfahrt ab und bis Kéfalos: ca. 30 km. Möglich per Pkw, per Jeep, für geübte Motorradfahrer oder Mountainbiker (nicht für Vespas). Der Straßenzustand wird besser: Immer mehr Erdstraßen sind asphaltiert!
Fahrzeugtyp: Ein Jeep ist für diese Tour durch den einsamen Westen der Insel nicht unbedingt notwendig, aber weitaus angenehmer als ein Pkw.
Öffnungszeiten: Alle Sehenswürdigkeiten sind frei zugänglich.
Kleidung: Sonnenhut für tagsüber, Jacke (Pullover) für abendliche Rückfahrt.

Sicherheitshinweis
Die Westküste ist zum Baden für Kinder und Nichtschwimmer wegen oft starker Brandung und Strömungen ungeeignet! Badeschuhe sind dort nützlich.

Ausflüge: Nachbarinseln und Türkei

Eine Urlaubsreise nach Kos ist eine ideale Gelegenheit, auch ein paar kleinere griechische Inseln ganz in der Nähe kennenzulernen und vielleicht zum ersten Mal die Füße auf asiatischen Boden – nämlich die Türkei – zu setzen. Viele Tagestouren sind möglich, aber alle Inseln bieten auch preiswerte Übernachtungsmöglichkeiten für Individualreisende.

Tagesausflüge

Von einem Reiseleiter begleitete Tagestouren auf die Nachbarinseln Níssyros, Kálymnos und Pátmos sowie nach Bodrum in der Türkei können Sie in vielen Reisebüros und bei Ihrer Reiseleitung im Hotel buchen. Sie zahlen mehr als Individualtouristen, brauchen sich dafür aber um den Transfer vom Hotel zum Hafen und zurück nicht zu kümmern. Bei den organisierten Touren nach Níssyros und Pátmos wartet am Ziel außerdem auch ein Bus auf Sie, um Sie schnell und unkompliziert zu den Hauptattraktionen der beiden Inseln zu bringen. Für diese beiden Inseln sind die organisierten Ausflüge daher von großem Vorteil, während Sie Kálymnos und Bodrum auch sehr gut auf eigene Faust kennenlernen können.

Außerdem starten täglich mehrere kleine, zum Teil als Segler ›getarnte‹ Ausflugsschiffe ›Drei-Insel-Fahrten‹, bei denen Kurzbesuche auf dem winzigen Psérimos, auf Kálymnos und auf einer unbewohnten Insel mit Strand auf dem Programm stehen.

Was Sie erwartet

Níssyros ist die Vulkaninsel des Dodekanes (41 km², 950 Einw.). Fähren und Ausflugsschiffe legen am Kai von Mandráki direkt im Ort an. Bei Ankunft der Ausflugsschiffe stehen Busse zur Fahrt in den Vulkankrater bereit. Nach Rückkehr zum Anleger steht ein Rundgang durch das fast autofreie, sehr traditionsverbundene Mandráki auf dem Programm, direkt 10▶ S. 93.

Kálymnos ist die Insel der Schwammtaucher und Berufsfischer (111 km², 16 400 Einw.). Fähren und Ausflugsschiffe machen im großen Hafen der sehr geschäftigen Inselhauptstadt fest, alles Sehenswerte im Ort ist binnen weniger Minuten zu Fuß zu erreichen. Reiseleiter führen ihre Gäste in Schwammhandlungen, die auch über die Geschichte und Techniken der Schwammtaucherei aufklären. Ohne Führung genießt man einen Bummel entlang der Kais zur Fischmarkthalle und einen Besuch im Schwammtaucher- und im Archäologischen Museum, direkt 11▶ S. 97.

Psérimos besteht nur aus wenigen Häusern an einem schönen Sandstrand (15 km², 130 Einw.). Vom Anleger geht man nur wenige Meter zum feinsandigen Strand mit ganz flach und kleinkindfreundlich abfallendem Sand. Tagesausflügler fahren nach einer Stunde weiter. Wer übernachten will, findet

Zimmer. Linienschiffe fahren von Mastichári auf Kos (s. S. 73) und von Kálymnos aus hin, `direkt 12` S. 101.

Pátmos ist Griechenlands heilige Insel (34 km^2, 3000 Einw.). Am Kai im Hafenort Skála warten Busse auf Ausflugsteilnehmer und bringen Sie hinauf ins kykladisch anmutende Dorf Chóra rund um das burgähnliche, über 900 Jahre alte Johannes-Kloster und zur Grotte der Apokalyse. Den Rest der Zeit verbringt man in Skála, wo man auch baden kann, `direkt 13` S. 103.

Rhodos ist die größte Insel des Dodekanes (1398 km^2, 117 000 Einw.). Hier widmet man sich vorrangig der direkt an den Hafen grenzenden Altstadt, ein wunderbar erhaltenes Bauensemble aus dem Mittelalter, das die Ritter des Johanniterordens bauten, nachdem sie aus Palästina vertrieben worden waren. Sie betreten die Stadt durch ein Tor der gewaltigen Wallmauern, schlendern durch urtümliche, von Souvenirlädchen und Lokalen gesäumte Gassen zum Großmeisterpalast. Schön ist auch der Spaziergang zum kleinen Mandráki-Hafen; evtl. auch ein Halbtagsausflug per Bus nach Líndos mit seiner berühmten Akropolis, `direkt 14` S. 105

Bodrum ist ein modernes türkisches Urlaubsstädtchen mit Burg und Bazaren (36 000 Einw.). Die Johanniter-Festung mit ihren Museen und die spärlichen Relikte des einst als eins der sieben Weltwunder gezählten Mausoleums sind historische Attraktionen, Märkte und Bazare laden zum Shopping ein, `direkt 15` S. 109

Inselhüpfen

Wer Tagesausflüge auf eigene Faust unternehmen oder von Kos aus sogar zu einem mehrtägigen Inselhüpfen aufbrechen will, braucht etwas Organisationstalent und Flexibilität. Als Belohnung winkt eine echte Griechenland-Erfahrung. Bei der Planung hilft kein Reisebüro, aber man kann das Internet nutzen.

Inselinfos im Internet: www.nisyros.gr, www.nisyros.de, www.kalymnos-isl.gr, www.patmos.gr, www.rodos.gr, www.bodrum-info.org

Schiffsfahrpläne im Internet: Für alle großen Autofähren, Katamarane und Tragflügelboote finden Sie die aktuellen Fahrpläne auf www.gtp.gr und www.greekferries.gr (für Níssyros ›Nisyros‹ eingeben, für Bodrum auf die internationalen Fahrpläne gehen). Für die Katamarane finden Sie die Fahrpläne auch auf der Homepage der Reederei (www.12ne.gr).

Wichtige Routen

Zwischen Kos und Níssyros sorgt die kleine Autofähre »Panagía Spilianí« für die regelmäßigste Verbindung. Sie fährt Di, Do, Sa um 14.30 Uhr ab Kos-Stadt (Achtung: Anleger auf der Westseite der Einfahrt des Mandráki-Hafens!) nach Mandráki auf Níssyros. Mo und Mi fährt sie in Kardámena um 14.30 Uhr ab, Fr um 16 und So um 18 Uhr. Abfahrt ab Kos ist Mo–Fr jeweils 7.30, Sa 8 und So 15 Uhr. Die Fahrzeit nach Kos beträgt 100 Minuten, nach Kardámena 40 Minuten. Für weitere Einzelverbindungen sorgen die schnellen Katamarane von Dodekánisos Seaways und einige große Autofähren, die oft nachts ankommen und abfahren.

Zwischen Kos und Kálymnos ist das Fährgebot besonders reichhaltig. Täglich verkehren Katamarane von Dodekánisos Seaways zwischen Kos-Stadt und Póthia. Zwischen Mastichári und Póthia sind mehrere kleine Autofähren und kleine Schnellfähren unterwegs, die in der Regel auch eine termingerechte

Nachbarinseln und Türkei

Anbindung an Athen-Flüge von und nach Kos bieten (www.kalymna-yachting.gr und www.anemferries.gr). Außerdem verkehrt nahezu täglich eine große Autofähre zwischen beiden Inseln.

Zwischen Kos oder Kálymnos und Psérimos

Zwischen Mastichári auf Kos, Kálymnos sowie im Hochsommer auch Psérimos verkehren mehrmals täglich Passagier- und Autofähren. Ganzjährig besteht zudem eine tägliche Fährverbindung zwischen Kálymnos und Psérimos (ab Kálymnos ca. 9 Uhr, ab Psérimos ca. 16 Uhr).

Zwischen Kos oder Kálymnos und Pátmos

Auf der Route verkehren täglich Katamarane von Dodekánisos Seaways sowie mehrmals wöchentlich große Autofähren. Zwischen Kálymnos und Pátmos ist außerdem die kleine Autofähre »Nísos Kálymnos« mehrmals wöchentlich unterwegs (www.anemferries.gr).

Zwischen Kos und Rhodos

Auf der Route verkehren täglich Katamarane von Dodekánisos Seaways sowie mehrmals wöchentlich früh am Morgen große Autofähren. Infos s. S. 105.

Zwischen Kos und Bodrum

s. S. 109.

Tickets kaufen und Preisklassen

Aus Sicherheitsgründen müssen alle Schiffstickets den Namen des Passagiers tragen und bereits vor Betreten des Schiffes ausgestellt sein. In der Stadt Kos kauft man die Tickets entweder in den leicht erkennbaren Reisebüros in der neben dem Rathaus am Mandráki-Hafen ansetzenden Odós Vas. Pávlou, für große Autofähren und Katamarane auch im Hafencafé auf dem Anleger.

In Mastichári sind die Tickets in zwei nach Reedereien unterschiedlichen Büros am Hafen erhältlich, in Kardámena in den zentralen Reisebüros. Infos für die anderen Inseln bei den jeweiligen Inseln.

Die **Preisklassen** sind von Schiff zu Schiff unterschiedlich. Außer an Bord der großen Autofähren in und aus Richtung Piräus gibt es nur eine Klasse an Bord, auf den großen Autofähren zwei oder drei Klassen. Für die Kurzstrecken von Kos zu den benachbarten Inseln genügt dort auf jeden Fall ein Ticket der untersten Klasse.

Übernachten auf den Inseln

Auf allen Inseln gibt es gute Übernachtungsmöglichkeiten. Vorausbuchungen sind außer im August nicht nötig. Die auf den nachfolgenden Seiten empfohlenen Insel-Quartiere liegen sämtlichst nahe dem Anleger und sind sehr leicht zu finden.

Zur eigenen Sicherheit

Stürme und andere Widrigkeiten bringen auch im Hochsommer die Schifffahrt manchmal für viele Stunden zum Erliegen. Planen Sie darum Ihre Inseltour(en) nie für die letzten beiden Tage vor dem Heimflug ein. Besuchen Sie am besten Kálymnos zum Schluss, denn von dort aus kommen Sie am besten und schnellsten nach Kos zurück.

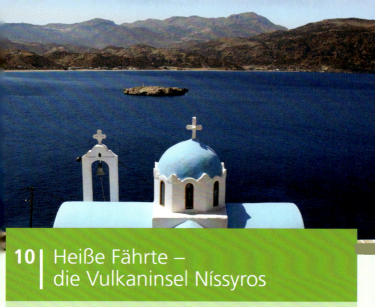

10 | Heiße Fährte – die Vulkaninsel Níssyros

Karte 4

Die Insel Níssyros steigt grün bis zu 698 m hoch aus dem Meer. Dass fast das gesamte Inselinnere von einem gewaltigen Vulkankrater eingenommen wird, ist vom Wasser aus nicht zu erkennen. An der Küste liegen der Hauptort Mandráki und das kleine Páli. Zwei weitere Dörfer, Emborió und Nikiá, stehen unmittelbar auf dem Kraterrand.

Dorf auf dem Kraterrand

Vom Hafenort **Mandráki** 1 führt die Fahrt zunächst in Ufernähe entlang bis kurz vor **Páli** 2. Von dort windet sich eine schmale Straße durch früher intensiv bewirtschaftete Feldterrassen den Kraterhang hinauf bis zum unmittelbar auf dem Kraterrand errichteten Dorf **Nikiá** 3. Zur einen Seite blicken seine Häuser aufs Meer, zur anderen in die tiefe Caldera des Vulkans, die etwa 3 x 1,5 km misst. Gleich am Dorfeingang widmet sich ein kleines, modern gestaltetes Museum in der ehemaligen Dorfschule dem Vulkanismus auf der Insel, in Griechenland allgemein und auf der ganzen Welt. Man sieht Fossilien wie versteinerte Olivenbaumblätter und Beispiele für die vielen Mineralien, die in Griechenland abgebaut werden, darunter Mangan, Kaolin, Bentonit, Perlit und Opal. Sehr anschaulich ist ein Reliefmodell der Insel Níssyros im Maßstab 1:7000.

Vom Museum führt die schmale, blumenreiche Dorfgasse etwa 200 m weit ins Dorf zu dessen fotogener Platía mit Dorfkirche und zwei Kafenía. Diesen idyllischen Gang sollten Sie auf keinen Fall versäumen!

Durch den Krater

Am Vulkanmuseum beginnt für Urlauber, die die Nacht auf Níssyros verbringen wollen, der etwa einstündige Abstieg auf den etwa 250 m tiefer gele-

Nachbarinseln und Türkei

genen Kratergrund (ausgeschildert mit »Volcano«). Tagesausflügler fahren mit dem Bus hinein. Er passiert die Felskapelle **Ágios Ioánnis** 4 mit ihrem Festplatz, auf dem alljährlich am 25. September Kirchweih gefeiert wird, und führt zu der Baumgruppe im Zentrum der **Caldera** 5, an der auch die stets gut erkennbare Asphaltstraße endet.

Von hier sind es nur wenige Schritte in den größten Subkrater in der Caldera, den **Stéfanos-Krater** 6. Er misst etwa 350 x 250 m, seine Wände sind von Schwefelbändern und -flecken gekennzeichnet. Der Kraterboden ist heiß, aus Erdspalten steigen Schwefeldämpfe auf, auf herumliegenden Steinen könnte man sogar blitzschnell Eier braten. Vier weitere **Nebenkrater** 7 liegen ein paar Minuten entfernt, werden von den Ausflüglergruppen allerdings nie besucht. Wer genug Zeit hat, wandert hin.

Antike Burg

Vom Kraterzentrum führt ein breiter, nicht zu verfehlender Feldweg durch den Nordteil der Caldera in etwa drei Stunden zurück nach Mandráki. Er passiert das weiß gekalkte, verlassene Kloster **Stavrós** 8, wo am 13./14. September Kirchweih gefeiert wird. 25 Minuten weiter erreicht er eine kleine Hochebene mit den Ruinen einer aufgegebenen Siedlung mit der Ruine einer großen Lagerhalle, in der im 19. Jh. in der Caldera kommerziell abgebauter Schwefel aufbewahrt wurde.

Palékastro 9, also ›Alte Burg‹, nennen die Einheimischen die eindrucksvollen Überreste der antiken Akropolis von Níssyros, die in den letzten 10 Jahren für 1 Mio. Euro (davon 78,5 % EU-Gelder) restauriert wurde. Von der antiken Akropolis blieb vor allem ein über 100 m langer, bis zu 6 m hoher und 4 m dicker Mauerabschnitt aus dem 5./4. Jh. v. Chr. nahezu perfekt erhalten. Die großen Trachytblöcke sind genau ineinander gepasst, ihre Seitenkanten meist abgeschrägt, um der Mauer mehr Festigkeit zu verleihen. Über eine Treppe gleich rechts vom bestens erhaltenen Stadttor gelangen Sie auf die Mauer und genießen Einsamkeit und Stille mit Blick aufs weiße Inselchen **Gialí**, auf dem in großem Umfang Bentonit abgebaut wird, sowie das dahinter aufragende Kos.

> **Übrigens:** Bis Palékastro führt auch eine schmale Asphaltstraße. Sie zweigt am Ortsrand von Mandráki von der Uferstraße ab (Wegweiser: »Kastro«).

Mandráki

15 Gehminuten unterhalb der Akrópolis liegt der Inselhauptort **Mandráki** 1 mit seinen engen, zumeist autofreien Gassen und vielen alten Inselhäusern. Überragt wird Mandráki von der weiß gekalkten Wallfahrtskirche **Panagía Spilianí**, zu der man über 130 Stufen an der Ruine einer kleinen Burg aus Kreuzritterzeiten vorbei hinaufsteigen kann. Sie wurde schon im Jahr 1401 gegründet. Ihren Kern bildet eine alte Höhlenkirche, deren Decke von zwei frühchristlichen Marmorsäulen gestützt wird. Verehrt wird eine wundertätige Marienikone, die mit Votivtäfelchen und anderen wertvollen Geschenken der Gläubigen geschmückt ist. Sie ist alljährlich an den neun Tagen vor dem 15. August Ziel Tausender Pilger vom ganzen Dodekanes.

Sind Sie die Treppen von der Kirche wieder hinuntergegangen, gehen Sie die nächste Gasse nach rechts hinauf und biegen sogleich an einer weiteren Kirche, der **Panagía Potamítissas** mit neuen Wandmalereien im traditionellen byzantinischen Stil, nach links ab. So gelangen Sie in zwei Minuten zur schattigen **Platía Ilikoméni,** dem Hauptplatz des Dorfes. Mit ihrem 50 Jahre alten, gigantischen Gummibaum, traditionellen Cafés und Tavernen gehört sie zu den schönsten Plätzen des Dodekanes. Hier oder in einem der Lokale an der Uferstraße, die zurück zum Anleger führt, sollten Sie unbedingt ein Glas der Inselspezialität *soumáda* bestellen. Diese verdünnte Mandelmilch kann man auch in Flaschen unterschiedlicher Größe als Souvenir zum Mitnehmen erwerben, wenn sie einem denn schmeckt.

Bei genügend Zeit lohnt auch der Besuch des 2009 eröffneten Archäologischen Museums in einer Parallelgasse zur Uferstraße. Es zeigt vor allem hellenistische und römische Statuen und was sonst auf der Insel an Antiken gefunden wurde.

Wenn noch Zeit bleibt

Palí [2] besitzt den besten Hafen der Insel und wird vor allem von Yachten angelaufen. Schönheit und Romantik gehen Páli aber vollständig ab.

Von Páli führt eine Straße am Strand entlang gen Süden. Am Ortsrand passiert sie den größten Gebäudekomplex der Insel, der leider leer steht. Ein wohlhabender Nissyriote aus Ägypten hatte hier Ende des 19. Jh. viel Geld in ein Kurhotel investiert, für das er die heißen Schwefelquellen der Insel nutzen wollte. Er hoffte auf Publikum aus Ägypten, den kleinasiatischen Städten und Istanbul, die mit Linienschiffen hergebracht werden sollten. Doch politische Wirren, die griechisch-osmanischen Balkankriege und der Einmarsch der Italiener auf dem Dodekanes zerstörten seine Hoffnungen, das Hotel nahm nie den Betrieb auf.

Dem Bau gegenüber liegt, von der Straße aus kaum zu erkennen, der Zugang zur kleinen Höhlenkirche Panagía Thermianí in den Überresten einer römischen Thermalbadeanlage.

Man geht ein paar Stufen hinunter und steht in einer Oase der Stille. Vor dem Eingang zur 1871 geweihten Kapelle ragt eine einsame Palme in die Höhe, in einem natürlichen Felsbecken steht flach und wenig einladend etwas Thermalwasser. Römische Gewölbeteile sind ansatzweise erhalten, weiße Kreuze sind auf ihnen aufgemalt.

Emborió [10], das zweite Kraterranddorf der Insel, wirkt nahezu leblos. Im einzigen Lokal direkt auf dem Kraterrand sitzt und isst man jedoch gut. 200 m vor dem Ende der Asphaltstraße nach Emborió macht rechter Hand ein Schild auf eine völlig naturbelassene, stets frei zugängliche Natursauna in einer Grotte direkt am Straßenrand aufmerksam: Hier sorgt die Erdwärme für nahezu unerträgliche Temperaturen.

Info

Reisebüros und Schiffstickets: Mehrere Büros direkt am Anleger und an der Gasse ins Ortszentrum, z. B. Polyvótis Tours: am Anleger, Tel. 22420 312 04, Fax 22420 313 30.
Linienbusse: Gemeindebus mehrmals tgl. von Mandráki in die anderen drei Inseldörfer, Fahrplanaushang am Hafen.

Autovermietung: Mehrere Autovermietungen im Ort. Direkt am Hafen: Manos, Tel. 22420 315 51 und 6945 808 104, manos-ka@otenet.gr, Autos ab 25 €/Tag.
Taxis: Die beiden Inseltaxis müssen telefonisch gerufen werden, Tel. 22420 314 60 und 22420 314 74.
Archäologisches Museum in Mandráki: Di–So 8.30–15 Uhr, Eintritt 2 €.

Nachbarinseln und Türkei

Vulkan-Museum in Nikiá: Tel. 22420 314 00, www.nisyrosvolcano.gr, Mitte Mai–Mitte Okt. Mo–Sa 10–20, So 11–19 Uhr, außerhalb dieser Zeit nach telefonischer Anmeldung, Eintritt 4 €.

Gut gebettet
Romantzo: In Mandráki nahe dem Anleger der Ausflugsschiffe an der Straße nach Páli, 25 Zimmer, Tel./Fax 22420 313 48, DZ im Mai 25–30 €, im August 35–40 €. Sehr einfaches Hotel, familiäre Atmosphäre, große Terrasse vor den meisten Zimmern.
Porfyris: 100 m östlich der Platía Ilikioméni, Tel. 22420 311 76, Fax 22420 313 76, DZ ca. 40–50 €. Ruhig am oberen Dorfrand und doch zentral gelegen, mittelgroßer Pool mit 1-m-Sprungbrett, sehr freundlich, 10 Gehminuten vom Anleger, 38 Zimmer.
Zimmer und Häuser in Nikiá: Wer länger bleiben will, ruft Tel. 22420 311 67 oder 6944 576 004 an und vereinbart einen Termin.

Nissyriotisch genießen
Iríni: Mandráki, Platía Ilikioméni, tgl. ab 10 Uhr, Hauptgerichte ab 6 €. Wegen ihrer Lage auf dem Dorfplatz die beste Empfehlung für Tagesbesucher.
To Kazanário: An der Rathausgasse vom Ufer zur Platía Ilikioméni, tgl. ab 19 Uhr, Mezédes 4–8 €, Wein 6 €/l. Die beste Adresse im Hafenort. Oúzo vom Fass, exzellente Salate, leckere Rinderleber, engagierte junge Wirte, typisch nissiotisches Ambiente, das nicht jeder als romantisch empfindet.
Adrióti: Nikiá, am Museumsplatz, tgl. ab 10 Uhr, Hauptgerichte meist 6 €. Schöne Aussicht und ein Wirt, der mit »The Art of Kitchen« wirbt. Besonders lecker: der Níssyros-Salat und das Zicklein im Tontopf!

Nette Mitbringsel
Sowohl in der Kafetéria mitten in der Caldera als auch im Hafencafé werden sehr preiswert Schwefel, Obsidian und Bimsstein verkauft. Grandiose Fotos, die die Insel in allen Jahreszeiten zeigen, produziert Artin Karakassani, der seit vielen Jahren auf der Insel lebt. Sie sind in vielerlei Varianten von der Fotopostkarte bis zur DVD in seiner Galerie an der Uferstraße erhältlich.

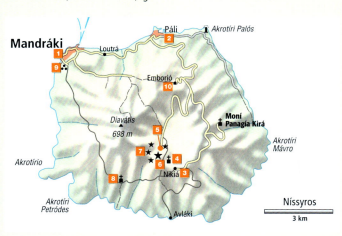

11 | Insel der Schwammtaucher – Kálymnos

Karte 3: ▶ F–H 5–8

Kálymnos ist eine überwiegend kahle, felsige Insel. Während Kos bis vor kurzem noch von Landwirtschaft geprägt war, war Kálymnos immer eine Fischerinsel. Noch heute leben auf Kálymnos etwa 1000 Familien vom Meer, zumeist vom Thun- und Schwertfischfang. Einige widmen sich auch noch der Schwammtaucherei, für die Kálymnos bis in die 1960er-Jahre weltberühmt war.

Am Wasser entlang

Die meisten der 16 400 Kalymnier wohnen in der Inselhauptstadt Póthia, in der viele klassizistische Villen vom Wohlstand einiger Insulaner zeugen.

Die Hafenpromenade zwischen dem **Fähranleger** 1 und der Fischmarkthalle ist zugleich auch die Hauptflaniermeile der das ganze Jahr über äußerst geschäftigen und verkehrsreichen Stadt. Sie gibt sich sehr griechisch-ursprünglich, der Tourismus spielt hier keine besondere Rolle. Auf halber Länge erheben sich auf einem Platz die markante **Bischofskirche toú Christoú** 2 aus dem Jahr 1861 und das **Schwammtaucher-Museum** 3. Doch bevor man das Letztere besucht, sollte man erst noch zur vor allem frühmorgens aktiven **Fischmarkthalle** 4 weitergehen, in der je nach Saison vor allem Schwert- und Thunfische für den Export per Luftfracht in Kisten verpackt werden.

Im recht altmodisch arrangierten **Schwammtaucher-Museum** erfährt der Besucher anhand historischer Fotos, Taucherausrüstungen und zahlreicher ganz verschieden geformter Schwämme viel über Bedeutung und Technik dieses jahrtausendealten Gewerbes. Fotos und alte Werbeplakate belegen, dass kalymnische Händler mit ihren Schwämmen in ganz Europa und Nordafrika erfolgreich tätig waren.

Nachbarinseln und Türkei

Kunst und Geld vom Meeresgrund

Aus der Nordwestecke des Platzes mit dem Schwammtaucher-Museum führt die Odós El. Venizélou als vielbefahrene Einbahn- und Haupteinkaufsstraße mit schmalen Bürgersteigen voller Absätzen stadteinwärts. Wegweiser machen auf das rechts oberhalb von ihr in einem reinen Wohnviertel gelegene **Archäologische Museum** 5 aufmerksam. Das modern arrangierte Museum zeigt in den beiden Sälen des Erdgeschosses vor allem Statuen, vom 70 cm hohen Kykladenidol aus dem 3. Jt. v. Chr. über einen archaischen Jüngling (Koúros) aus dem 6. Jh. v. Chr. bis zum überlebensgroßen Gott Asklípios aus hellenistischer Zeit. Ein besonderer Schatz ist eine vom Meeresgrund geborgene, überlebensgroße Bronzestatue einer Frau aus dem 2. Jh. v. Chr. Im Obergeschoss sind überwiegend Funde aus frühchristlicher Zeit zu sehen. Gleich neben dem Museum steht die ehemalige **Vouváli-Villa** 6 einer reichen Schwammhändlerfamilie samt historischer Möblierung aus der Zeit um 1900 zur Besichtigung offen.

Ins Mandarinental

Der schönste Ausflug für Liebhaber schöner Landschaften ist die Fahrt ins 13 km entfernte **Vathý** 7. Man folgt dafür vom Hafen aus der Uferstraße zum Fischmarkt, wo sie dann anzusteigen beginnt. Das Tal von Vathý beginnt am inneren Ende einer ganz schmalen, fjordartigen Bucht und verläuft von dort etwa 1 km breit und 6 km lang landeinwärts auf die kahlen Berge zu. Hohe

Blick vom Kloster Ágios Savvás auf Póthia, den Hafen von Kálymnos

Mauern schützen Tausende von Mandarinen-, Zitronen- und Orangenbäume vor dem Wind, kleine Weiler liegen im Tal verstreut. Am besten fährt man wie der Linienbus zuerst zum Weiler Rína direkt am Fjord und dann nach Plátanos im Zentrum des Tals, von wo man entweder in die Inselhauptstadt zurückkehren oder über eine Passhöhe zur Westküste hinüberfahren kann.

Inselklöster

Hoch über der Inselhauptstadt kündet eine rote Kuppel vom Kloster des Inselheiligen **Ágios Savvás** 8 mit einer der prachtvollsten Kirchen des Dodekanes. Im Gegensatz dazu stehen die kleinen, alten Klostergebäude, in denen auch noch die Zelle zu betreten ist, in der der erst 1948 hier verstorbene Inselheilige lebte. An seinem auf dem Klosterhof gelegenen Grab sollen sich viele Wunder vollzogen haben. Wer mit dem Mietfahrzeug unterwegs ist, kann von hier über eine kleine Hochebene weiterfahren zum wie ein Dorf wirkenden Nonnenkloster **Agía Ekateríni**, zu dem allerdings nur Männer Zutritt haben. Als Dank für geschehene Wunder haben hier mehrere kalymnische Familien kleine Kirchen gestiftet.

An die Strände

Linienbusse erschließen die Westküste mit **Kantoúni**, dem besten Strand der Insel, und den Badeorten **Myrtiés** und **Massoúri**. Die Westküstenstraße endet im stillen Weiler **Embório** und führt landschaftlich ausgesprochen schön immer am Ufer gegenüber der vorgelagerten Insel Psérimos entlang, zu der kleine Boote im Halbstundentakt von Myrtiés aus übersetzen. Auch dort kann man baden.

Infos
Schwammtaucher-Museum, Vouválís-Villa, Archäologisches Museum: Di–So 8.30–15 Uhr, Eintritt frei.
Klöster: Tgl. 8–13 Uhr.
Städtische Tourist Information: Auf dem Fähranleger neben der Kafetéria, Tel. 22430 590 56, Fax 22430 281 98.
Linienbusse: Vom Busbahnhof am Hafen und der Haltestelle am Hafen fahren Busse stdl. nach Massoúri und zurück, sind also gut für eine kleine Inselrundfahrt geeignet (einfach 1,50 €). Die Busse nach Vathý verkehren nur 4–5 x tgl.
Taxis: Einige der 44 Inseltaxis stehen zu jeder Schiffsankunft bereit. Ansonsten hält man sie am besten an der Hafenpromenade an.
Schiffstickets: In den Reisebüros an der Uferstraße beiderseits des Hotels Olympic.

Gut gebettet
Archontikó 1 : An der Uferstraße, ca. 130 m vom Fähranleger, Tel. 22430 240 51, Fax 22430 241 49, DZ Ü im Mai 35 €, im Aug. 50 €. Vom älteren Ehepaar sehr persönlich geführte Pension in einem Kapitänshaus aus dem 19. Jh., gut für ein oder zwei Zwischenübernachtungen.
Olympic 2 : An der Uferstraße, ca. 200 m vom Fähranleger, Tel. 22430 517 10, www.olympichotelkalymnos.com, DZ ab 60 €. Funktionales Haus mit 42 Zimmern, WLAN-Nutzung kostenlos, gut schallisoliert.

Kalymnisch essen
O Ksefténs 1 : 100 m vom Nautischen Museum (dort fragen), tgl. ab 10 Uhr, Hauptgerichte 5–8 €. Urige Taverne, genuin kalymnisches Ambiente ohne Meerblick, nette Wirtsleute, alle Gerichte im Schautresen ausgestellt.

Nachbarinseln und Türkei

Ómilos 2: Unmittelbar südlich des Fähranlegers, tgl. ab 10 Uhr, Bekrí Mezé 6,50 €, Wein 6 €/l. Zypriotische Leckereien wie *afélia,* eine Art Schweinegulasch in Rotweinsauce, und das schärfer gewürzte Bekrí Mezé sind die Spezialitäten des aus Zypern stammenden, überaus freundlichen Wirts Jánnis. Die Schiffe im Hafen sehen die Gäste über einen Parkplatz hinweg.

Sport und Aktivitäten
Kálymnos ist ein Dorado für Kletterer. Auf den über 1500 präparierten Routen ganz unterschiedlicher Schwierigkeitsgrade von 4a bis 9a hat man fast immer das Meer hinter sich oder gar vor Augen. Die besten Monate zum Klettern sind Oktober bis Dezember, später April und Mai. Die Gemeinde hat einen eigenen Climbing Guide in mehreren Sprachen herausgebracht und eine hervorragende englisch- und größtenteils auch deutschsprachige Website zum Thema eingerichtet (www.kalymnos-isl.gr/climb). Infos und Climbing Guides vor Ort in Massoúri (Tel. 22430 594 45).

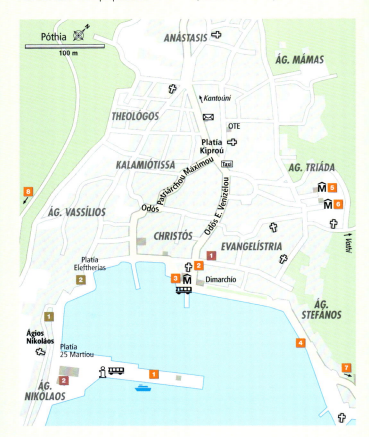

12 | Ein Inselwinzling – Psérimos

Karte 3: ▶ J 7/8 | **Dauer:** Tagesausflug per Ausflugsschiff

Das völlig kahle Psérimos zwischen Kos und Kálymnos ist ein Inselzwerg, gerade einmal 14 km² groß. Im einzigen Dorf leben im Winter nur noch 30 Menschen. Im Sommer legen hier tagsüber zahlreiche Ausflugsboote von Kos her für ein Stündchen an. Sind sie weg, kehrt wieder große Ruhe ein. Wer sie genießen möchte, bleibt über Nacht.

Fast straßenlos

Das **Inseldorf** 1 liegt am inneren Ende einer schmalen, lang gestreckten Bucht. Es säumt einen etwa 170 m langen und 15 m breiten Strand aus feinstem Sand, der sich ganz flach und feinsandig ins Wasser absenkt und so auch für kleinste Kinder ideal zum Planschen ist. Am Strand stehen in lockerem Abstand niedrige Häuschen, die heute zumeist als Cafés und Tavernen genutzt werden. Vom alten Anleger an der Südseite der Bucht führt eine 30 m lange Zementstraße zum Strand – die einzige befestigte Straße der Insel überhaupt. Die unbefestigte Dorfstraße ist nur etwa 100 m lang, geht schon an der Dorfkirche in einen Feldweg über. An ihrem Ansatz stehen noch ein paar Häuser und Tavernen, die den Dorfkern bilden.

Der neue Anleger für die Ausflugsboote wurde etwa 150 m vom Strand entfernt an der Nordseite der Bucht gebaut. Zwischen 10 und 16 Uhr legt hier ein Ausflugsboot nach dem anderen an. Deren Passagiere nutzen den Strand sogleich zu einem Bad, kaufen sich ein Eis im Mini-Markt oder in den Cafés. Zum Essen lässt sich kaum jemand nieder. Die Ausflugsgäste bringen entweder Lunch-Pakete aus ihren All-inclusive-Hotels mit oder warten auf's Barbecue an Bord, das bei vielen Ausflügen bereits im Preis inbegriffen ist. Die pseriotischen Tavernenbesitzer gehen leer aus, andere machen den Reibach.

Nachbarinseln und Türkei

Wer unbedingt etwas besichtigen will, geht den Strand entlang bis zur ›Dorfstraße‹ und steuert auf ihr die **Dorfkirche Panagía** an, die Mariä Entschlafung geweiht ist. Seit Mitte des 19. Jh. steht der in Weiß und Blau gehaltene Bau in einem schönen Garten mit Ölbäumen und Zypressen, Feigen, Mandeln und einer einsamen Palme. Unterm frei stehenden Glockenturm lagern ein paar Überreste einer frühchristlichen Basilika aus dem 5./6. Jh.

Völlig einsam

Wer auf Psérimos übernachtet und den Abend unter Einheimischen genießt, kann vor der Rückfahrt am nächsten Nachmittag eine kleine Wanderung unternehmen, bei der die Schönheit der Insel erst so richtig deutlich wird. Sie führt in etwa 50 schattenlosen Minuten auf einem stets gut erkennbaren Ziegenpfad durch die Phrygána, den typischen, niedrigen Bewuchs steinigen Bodens aus allerlei duftenden Kräutern und niedrigen Sträuchern zum **Grafiótissa Beach** 2. Er erstreckt sich etwa 200 m lang vor einem ganz niedrigen Steilufer, ist teils sandig, teils kieselig und nahezu immer völlig menschenleer.

Malerische Akzente setzen anderthalb Kapellen: eine intakte neuere 20 m landeinwärts und eine zur Hälfte ins Meer gestürzte, deren Fensteröffnung äußerst fotogen eine aufgemalte griechische Flagge ziert. Der Pfad zum Grafiótissa Beach beginnt am nordwestlichen Strandende zwischen den dortigen Häusern, Wasser gehört unbedingt ins Wandergepäck!

Quer über die Insel

Manche verlieben sich nach dem Spaziergang zum Grafiótissa Beach in Psérimos und bleiben länger. Dann lohnt auch die etwa 40-minütige Wanderung quer über die Insel zum kiesigen **Marathónda Beach** 3 mit geringfügigen Spuren einer schon vor über 40 Jahren geschlossenen Ziegelei.

Info

Schiffsverbindungen: s. S. 91, 92.
Feste: Großes Kirchweihfest am 14./15. August an der Dorfkirche mit Musik und Tanz.

Länger bleiben

Wer individuell angereist ist, hat die Auswahl zwischen acht Tavernen, von denen die meisten auch Zimmer vermitteln. Eine Vorausbuchung ist außer zwischen Mitte Juli und Ende August nicht nötig. Alle Zimmer sind schlicht möbliert, aber ordentlich. Auch einige etwas geräumigere Studios werden angeboten. Der Preis ist von der Nachfrage abhängig, DZ kosten meist 20–40 €. **Studios** vermieten Kóstas und seine gut Deutsch sprechende Frau Christína, die das **Café Sun Set** direkt am Strand betreiben (Tel. 22430 245 61). Die wohl beste Küche bietet die **Taverne Psérimos** an der kurzen Dorfstraße. Wirtin Sevásti lässt ihre Gäste noch in die Töpfe schauen, ihre griechischen Krautrouladen *lachanodolmádes* und ihr Oktopus-Stifádo sind ein Gedicht. Sie vermietet auch Zimmer (Tel. 22430 293 37).

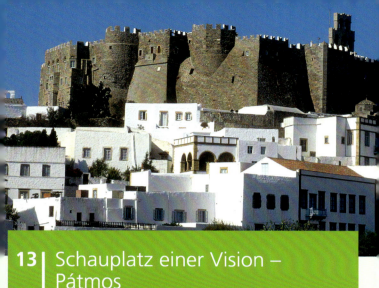

13 | Schauplatz einer Vision – Pátmos

Karte 3: ▶ A/B 1–3

Pátmos gilt den Griechen als heilige Insel, denn hier empfing Johannes im Jahr 95 seine Vision der Apokalypse, die als letztes Buch Eingang ins Neue Testament fand. Das über 900-jährige Johanneskloster von Pátmos ragt wehrhaft aus einem weißen Häuserkranz auf, der stark an die Architektur der Kykladen-Inseln erinnert. Pátmos ist aber auch ein Eiland mit schönen Stränden und guter Gastronomie, auf der man ein paar Tage gut leben kann.

Schon die Einfahrt in die Hafenbucht von Pátmos gerät zum Erlebnis. Bereits von Weitem ist das alles überragende Johanneskloster inmitten des alten, auf einem Hügel gelegenen Inseldorfs **Chóra** mit seinen stattlichen weißen Häusern zu erkennen. Sein Kontrapunkt, der ebenfalls blendend weiße Hafenort **Skála,** ist zwar erst jung, aber der Würde der Insel angemessen und nahezu frei von Bausünden. Über die schönen Hafengebäude aus italienischer Zeit schweift der Blick über unzählige alte Terrassen hangaufwärts, wo zwischen Chóra und Skala die markanten Bauten des **Klosters der Apokalypse** und das vielgeschossige Bautenensemble des Priesterseminars von Pátmos stehen. Damit hat der Tagesbesucher auch schon sein gesamtes Programm vor Augen: Zunächst geht es per Bus oder Taxi hinauf zur Chóra mit seinem Johanneskloster, dann zu Fuß abwärts zum Kloster der Apokalypse und zurück nach Skála.

Historie überall

Das bereits im 11. Jh. gegründete **Kloster in der Chóra** 1 wirkt von außen wie eine mächtige Burg. Am winzigen Innenhof steht die um 1090 erbaute Hauptkirche mit den Reliquien des Klostergründers und Fresken aus ver-

Nachbarinseln und Türkei

schiedenen Jahrhunderten. Stufen führen hinauf zum Klostermuseum, das sakrale Kunstschätze aus 1500 Jahren birgt. Das alte Inseldorf Chóra umzieht das gesamte Kloster wie ein zusätzlicher Schutzwall. An seinen verwinkelten, autofreien Gassen stehen noch zahlreiche stattliche Häuser früherer Kapitäne und Kaufleute.

Frommes Diktat

Folgt man von der Bushaltestelle unterhalb des Klosters aus der gepflasterten Straße nach unten, kommt man nach etwa 15 Minuten unweigerlich zum zweiten bedeutenden Kloster der Insel, dem **Kloster der Apokalypse** 2. Stufen führen hinunter zu einer Grotte, in der Johannes im Jahr 95 die Vision der Apokalypse gehabt und seinem Schüler Prochóros diktiert haben soll.

Wieder am Meer

Gleich nach Verlassen des Klosters führt ein Weg nach rechts unten, der in weiteren 15 Minuten nach **Skála** 3 zurückführt. Hier stammen die ältesten Bauten erst aus dem 19. Jh.

Infos
Pátmos als Tagesausflug ab Kos: nur donnerstags möglich, wenn man morgens um 3 Uhr die Autofähre nach Pátmos nimmt (Ankunft 7.30 Uhr) und mittags gegen 13.30 Uhr mit dem Katamaran zurückfährt. Ansonsten muss man eine Übernachtung auf Pátmos einplanen.
Johannes-Kloster und Grotte der Apokalypse: tgl. 8–13.30, So, Di, Do auch 16–18 Uhr. Eintritt zum Kloster-Museum 6 €, sonst frei.
Linienbusse: Abfahrt und Fahrplan am Anleger, zwischen 7.40 und 19.30 Uhr ca. 8 x von Skála nach Chóra und zurück.
Taxis: Standplatz am Anleger. Fahrt von Skála nach Chóra ca. 8 €.

Gut gebettet
Skála 1: An der Uferstraße (vom Anleger nach rechts gehen), Tel. 22470 313 43, www.skalahotel.gr, DZ NS ab 60 €, HS 70–100 €. Zentrumsnah, aber relativ ruhig, schöner Garten, freundliche Mitarbeiter, 45 Zimmer. Strand und Fähranleger je nur ca. 150 m entfernt.
Galíni 2: Vom Anleger nach links gehen, dann in die Gasse gleich vor dem Kreisverkehr hinein, Tel. 22470 312 40, www.galinipatmos.gr, DZ NS ab 40 €, HS ab 60 €. Einfach, gepflegt, familiär, 11 Zimmer, 100 m vom Anleger.

Patmisch essen
Pantélis 1: Vom Anleger rechts, in der Parallelgasse zur Uferstraße schräg gegenüber vom markanten Café Árion, tgl., Bauernsalat oder grüne Bohnen 5 €, Zicklein 7,50 €. Traditionsreiche Taverne alten Stils, sehr große Auswahl, auch Fischsuppe (12 €).

Den Abend genießen
Art Café 1: Vom Anleger links, an der Uferstraße auf Höhe des Fähranlegers, tgl. ab 18.30 Uhr. Deutsche Floristin als Wirtin, Kunst an den Wänden, viel internationales Stammpublikum, Dachterrasse mit grandiosem Ausblick.

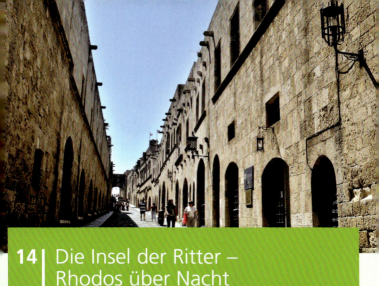

14 | Die Insel der Ritter – Rhodos über Nacht

Lage: 119 Km südöstlich von Kos

Für einen Ausflug nach Rhodos benötigen Sie eineinhalb Tage Zeit. Eine Übernachtung auf der Insel des Sonnengottes Helios ist unerlässlich. In den 26 Stunden Aufenthalt kann man die einzigartige Altstadt gründlich erkunden und in Cafés und Tavernen eine Atmosphäre genießen, die ganz anders ist als auf Kos.

In der Altstadt von Rhodos, die noch ganz von ihrem mächtigen mittelalterlichen Mauerring umgeben ist, werden 2400 Jahre Geschichte lebendig. Mauerreste der antiken Großstadt sind immer wieder ins bunte Gemisch von Wohnhäusern aus acht Jahrhunderten eingestreut, Minarette aus osmanischer Zeit streben gen Himmel, kleine byzantinische Kapellen verstecken sich an schmalen Gassen, die mit Kieselsteinen gepflastert sind. Eine Synagoge zeugt von historischer Glaubensvielfalt.

Besonders stattlich präsentieren sich die Bauten des Johanniterordens, der von 1309 bis 1521 seinen Hauptsitz auf Rhodos hatte. Die italienischen Besatzer ließen zwischen 1912 und 1943 viele von ihnen restaurieren und zierten zudem die Neustadt am idyllischen Mandráki-Hafen mit phantasievollen Bauten in ihrem innig geliebten orientalisierenden Stil. Trotz aller Geschichtsträchtigkeit wirkt die Altstadt nirgends museal, ist von buntem Leben erfüllt. Souvenirgeschäfte und Massentourismus konzentrieren sich auf einige wenige Hauptgassen. Abseits von ihnen leben Einheimische in uralten Häusern, nächtigen Urlauber in romantischen kleinen Hotels, liegen Cafés und Tavernen an romantischen, oft blütenreichen Plätzen

In der Ritterstadt

Vom Hafen aus führt die Uferstraße immer an der Stadtmauer entlang zur **Py-**

Nachbarinseln und Türkei

Íí Arnáldo 1. Durch dieses Tor treten Sie direkt auf den kleinen Museumsplatz mit dem Ordenshospital der Johanniter aus dem 15. Jh., das heute als **Archäologisches Museum** 2 genutzt wird. Hineinzugehen lohnt vor allem, um zu sehen, welchen Aufwand die Johanniter im Mittelalter betrieben, um Kranke zu pflegen, die sie unabhängig von Religion und Stand versorgten. Der 51 m lange Krankensaal mit seinen Spitzbögen und der große Innenhof mit seinen doppelstöckigen Arkaden sind Meisterwerke der Gotik.

Als Meisterwerke antiker Kunst gelten die Grabstele der Timarista und Krito aus dem späten 5. Jh. v. Chr., die kleine Marmorstatue der Kauernden Aphrodite aus hellenistischer Zeit und der Kopf des Helios aus der Zeit um 200 v. Chr. Er war Teil eines Prunkreliefs an einem öffentlichen Gebäude, das den Sonnengott als Lenker des am Himmel entlangziehenden Sonnenwagens zeigte. In den Löchern am Hinterkopf war wahrscheinlich ein metallener Strahlenkranz angebracht.

Gleich neben dem Museum setzt die **Ritterstraße** 3 an, die Odós Ippotón. Sie hat perfekt ihre mittelalterlichen Züge bewahrt. An der breiten gepflasterten Gasse lagen die Herbergen der einzelnen Landsmannschaften des Ordens, der ja in verschiedene ›Zungen‹, also Sprachgemeinschaften, gegliedert war. Heute residieren darin zumeist Büros der Archäologen.

Die Ritterstraße mündet auf den Vorplatz des **Großmeisterpalastes** 4, in dem die auf Lebenszeit gewählten Fürsten des Ordens residierten. Die Italiener haben ihn recht phantasievoll rekonstruiert und viele Räume im Obergeschoss mit auf Kos gefundenen antiken Mosaiken geschmückt. In der Mittelalter-Ausstellung im Erdgeschoss erfährt der Besucher, wo und wie auf Rhodos während der Johanniterzeit Rohrzucker gewonnen wurde, welche Waffen die Ritter benutzten und welche Qualen ihre moslemischen Sklaven zu erleiden hatten.

Gleich neben dem Palast bietet sich die einzige offizielle Möglichkeit, die **Stadtmauer** 5 zu erklimmen. Mit 4 km Länge umgibt sie noch heute die ganze Altstadt, wird landseitig von einem 2500 m langen Wallgraben gesäumt, der auf voller Länge begehbar ist.

Zeitenreise

Die breite Odós Orféas führt Sie nun ins kommerzielle Herz der Altstadt hinein. Vom **Uhrturm** 6 aus bietet sich ein umfassender Blick über die Stadt bis hin zur türkischen Küste. Die gerade restaurierte **Süleyman-Moschee** 7 aus dem 19. Jh. markiert den Beginn der Haupteinkaufsgasse Odós Sokratoús mit vielen Pelz- und Ledergeschäften.

Falls Sie aufs Shopping zunächst einmal verzichten können, biegen Sie gegenüber der Moschee in die Odós Ippodámou ein und steuern die **Platía Ariónos** 8 mit ihren trendigen Straßencafés an. An ihr ragen zwei weitere osmanische Bauwerke auf: ein noch für simple Bäder genutzter Hamam und die Mustafa-Pascha-Moschee aus der zweiten Hälfte des 18. Jh.

Rechts von der Moschee führt eine sehr schmale, unscheinbare Gasse hinunter zur Odós Agíou Fanaríou, auf der Sie nach rechts gehen. Ein Torbogen eröffnet Ihnen schon nach 100 m den Zugang auf die **Platía Doriéos** 9. Hier können Sie vom Internet-Café **Mango Bar** eine E-Mail aus dem Mittelalter nach Hause schicken und dabei auf die 1588 erbaute Redjab-Pascha-Moschee schauen.

Durch die Odós Omiroú und die Odós Pythágora kehren Sie nun ins kommerzielle Altstadtzentrum zurück. Sie passieren die **Ibrahim-Pascha-Moschee** 10, um die herum sich viele Szene-Kneipen angesiedelt haben, und kommen zur **Platía Ippokrátous** 11 am unteren Ende der Sokrates-Straße.

Wer mag, unternimmt von hier zunächst noch einen kurzen Abstecher zur **Synagoge Kahal Shalom** 12 aus dem Jahr 1577. Viele alte Fotos erinnern dort daran, dass auf Rhodos im 19. Jh. noch über 4000 Juden lebten – und dass großdeutsche Truppen die verbliebenen 1670 Hebräer im Juli 1944 nach Auschwitz deportierten.

Schönes in der Neustadt

Von der Platía Ippokrátous gelangen Sie in 10 Minuten am Archäologischen Museum vorbei zum **Mandráki-Hafen** 13. Im Mittelalter lagen hier die Galeeren der Johanniter, in der Antike die Kriegsschiffe der Rhodier. Vor der Kulisse von Stadtmauer und Großmeisterpalast haben heute Yachten und zahllose Ausflugsboote festgemacht, an der Hafeneinfahrt stehen die Wappentiere von Rhodos, Hirsch und Hirschkuh, auf schlanken Säulen.

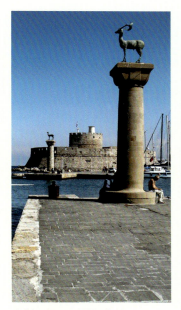

Einfahrt des Mandráki-Hafens

> **Übrigens:** Der 33 m hohe, bronzene Koloss von Rhodos, eins der sieben antiken Weltwunder, soll im 3. Jh. v. Chr. breitbeinig über der Einfahrt des antiken Mandráki-Hafens gestanden haben.

Zahlreiche Konditoreien unter hübschen Arkaden, mit exzellentem Angebot an Kuchen und Torten, säumen das orientalisch-verspielt anmutende Marktgebäude der **Néa Agorá** 14 aus italienischer Besatzungszeit an der Hafenfront. In ihrem polygonalen Innenhof haben sich mehrere Grilltavernen niedergelassen, stets herrscht ein eifriges Kommen und Gehen.

300 m weiter erhebt sich nahe der Hafenausfahrt die **Bischofskirche Evangelismós** 15, an die sich der Bischofspalast anschließt, der Elemente arabischer Architektur mit die Venedigs vereint. Die Kirche selbst ist innen vollständig neu mit Malereien im traditionellen byzantinischen Stil geschmückt.

Eindrucksvolle Verwaltungsbauten aus italienischer Zeit, Rathaus und Theater reihen sich auf der anderen Straßenseite aneinander. Diese Prachtstraße stößt schließlich auf die kleine **Moschee Murad Reis** 16 mit einigen osmanischen Gräbern in ihrem verwunschen wirkenden Garten. Danach trumpft der italienische Faschismus noch einmal auf: Das monumentale **Hotel des Roses** 17 aus den 1930er-

Nachbarinseln und Türkei

Jahren dient heute als Hotel und Spielcasino. Unmittelbar davor erstreckt sich mit dem **Elli Beach** 1 einer der Stränder der Stadt. Hier badet man im Anblick der türkischen Küste, die an manchen Tagen zum Greifen nah erscheint.

Info
Schiffsverbindungen mit Kos: Fast täglich fährt morgens zwischen 4 und 5.30 Uhr eine große Autofähre von Kos nach Rhodos, Ankunft dort 7 bis 9.40 Uhr. Für die Rückfahrt können Sie den Katamaran nutzen, Abfahrt tgl. 8.30 Uhr, Ankunft auf Kos 10.40 oder 10.55 Uhr.
Griechische Zentrale für Fremdenverkehr: Odós Makaríou/Odós Papagou, Tel. 22410 232 55.
Städtische Tourist-Information: Platía Rimini, Tel. 22410 443 33.
Archäologisches Museum 2: Di–So 8.30–15 Uhr, Mai–Sept. 8–19.30 Uhr, Eintritt 3 €.
Großmeisterpalast 4: Di–So 8.30–15 Uhr, Mai–Okt. auch Mo 12.30–19.30 Uhr, Eintritt 6 €.
Stadtmauer 5: Di–So 8.30–13 Uhr, Eintritt 3 €.
Synagoge 12: So–Fr 10–15 Uhr, Eintritt frei.

Gut gebettet
Cava d'Oro 1: Odós Kistiníou 15, Tel. 22410 369 80, www.cavadoro.com, DZ ÜF NS ab 70 €, HS ab 80 €. Nur 300 m vom Hafen gleich hinter der Pforte Pilí Mílon. Über 700 Jahre altes, stilvoll möbliertes Haus direkt an der Stadtmauer, deutsch-griechisches Wirtsehepaar. Preiswerte, einfachere Zimmer in einer schräg gegenüberliegenden Dependance (ab 50 €).

Rhodisch genießen
Mama Sofía 1: Odós Orféas 28, tgl. ab 10 Uhr, Hauptgerichte ab 7 €. Große, familiär und humorvoll geführte Taverne, viele Muschel- und Krustentiervariationen.
Kon Tiki 2: Mandráki-Hafen, Mühlenkai, tgl. ab 11 Uhr, Hauptgerichte ab 8 €. Café, Bar und Restaurant auf einem Schwimmponton im schönsten Hafen der Stadt, Altstadt-Blick, kreative griechische und internationale Küche.

15 | Märkte und Bazare – das türkische Bodrum

Karte 2

Tagesausflüge ins türkische Bodrum gehören zum Standardprogramm jedes Kos-Urlaubers. Hier betritt mancher zum ersten Mal im seinem Leben asiatischen Boden. Doch ist der Orient auch hier nur noch schwach spürbar. In vielen Hinsichten wirkt Bodrum sogar moderner und westlicher als das viel beschaulichere Kos. Nicht umsonst nennt man es das ›St. Tropez der Türkei‹.

Blick in die Geschichte

Erst seit 1912 verläuft zwischen Kos und Kleinasien eine Grenze: Durch die Eroberung des Dodekanes durch die Italiener wurden die Inseln von der Türkei, damals noch das Osmanische Reich, getrennt. In der Antike waren die Städte entlang der kleinasiatischen Küste zunächst griechisch, dann hellenistisch und schließlich römisch – genau wie die Inselwelt der Ägäis. Milet und Ephesos gehörten zu den bedeutendsten Metropolen des Altertums – und auch gegenüber von Kos stand eine Stadt, die die Griechen heute mit ihrem alten Namen Halikarnássos nennen (wie für sie übrigens Izmir auch noch Smýrna und Istanbul Konstantinoúpolis heißt).

In der Spätantike zählten die Inseln und Kleinasien gemeinsam zum griechisch-byzantinischen Reich, bis sich in der Kreuzritterzeit Genuesen, Venezianer und die Ritter des Johanniterordens in der Ägäis breit machten. So entstand nicht nur auf Kos eine Johanniterburg, sondern auch am Hafen des antiken Halikarnass. Heute heißt Halikarnássos für den Rest der Welt Bodrum und ist zu einem der bedeutendsten türkischen Urlaubszentren aufgestiegen. Man setzt hier vor allem auf eine finanzkräftige Klientel wie Yachtbesitzer und Yuppies, die aus der ganzen Welt hierher kommen.

Nachbarinseln und Türkei

Übrigens: Unternehmen Sie den Ausflug nicht an einem Montag. Dann sind in Bodrum alle Museen und archäologischen Stätten geschlossen!

Erste Versuchungen

Ausflugsboote und Fähren legen etwa 3 km südlich vor einem neuen **Kreuzfahrten-Terminal** 1 an. Zu Fuß würde man von hier etwa 45 heiße und unschöne Minuten bis zur Altstadt gehen. Reiseveranstalter bieten – oft kostenlos – Stadtrundfahrten mit dem Bus an, die an der Altstadt enden. Es sind jedoch in der Regel vorwiegend Verkaufsfahrten, wo Besichtigungen wenig und dem Shopping irgendwo am Stadtrand viel Zeit eingeräumt wird. Sie nehmen sich besser ein Taxi und lassen sich in die Altstadt bringen (5 €).

Schiffswrack und Prinzessin

Auf jeden Fall besuchenswert ist die mächtige **Johanniterburg St. Peter** 2 am alten Hafen von Bodrum unmittelbar am Altstadtrand. Schon im ersten Burghof beginnt eine weltberühmte Ausstellung zur Unterwasserarchäologie. Sie können das Teilmodell eines römischen Schiffs betreten und sehen verschiedene vom Meeresboden geborgene antike Schiffswracks. Die beiden ältesten sanken bereits im 14. und 12. Jh. v. Chr. Teile ihrer Fracht wurden geborgen, darunter zyprische Kupferbarren und mykenische Bronzeschwerter.

In der Oberburg gibt es eine weitere Sonderausstellung mit Funden aus dem Grab einer karischen Prinzessin. Das Gesicht der etwa 350 v. Chr. verstorbenen Fürstin Ada haben englische Gerichtsmediziner nach dem Skelett rekonstruiert, der ihr mit ins Grab gegebene filigrane Goldschmuck ist original.

Café zum Träumen

Gleich vom Vorhof der Burg aus ist ein kleiner **Garten mit Café** 3 im Schutz der Burgmauern auch ohne Eintrittskarte zugänglich. Romantischer kann man in Bodrum kaum sitzen – antike Säulenbasen, Stieraltäre und sogar Metopen aus antiken Tempelfriesen dienen als Sitzgelegenheiten. An die mittelalterlichen Mauern sind recht achtlos schönste antike Reliefs gelehnt, riesige tönerne Píthoi liegen herum, über allem wuchert der Oleander. Wer mag, kann hier auch einmal ausprobieren, wie man sich als Statue fühlt: kein Wärter pfeift Besucher zurück, die sich probeweise in die Vertiefungen für Statuenfüße auf einer der herumliegenden Statuenbasen stellen …

Was vom Weltwunder blieb

Die Steine, aus denen die Johanniter ihre Burg errichten ließen, stammen zum Teil von einem antiken Bau, der als eines der sieben Weltwunder galt: Das **Mausoleum von Halikarnássos** 4 hatte König Maussollos, der 377–353 v. Chr. als persischer Statthalter in Karien regierte, noch zu seinen Lebzeiten als Grabmal erbauen lassen. Dänische Archäologen legten seit 1966 den Standort frei. Der gewaltige Bau stand auf einer in den Fels gehauenen Terrasse von 105 x 242 m Grundfläche, war 50 m hoch und reich mit Friesen und Skulpturen verziert, an denen die berühmtesten griechischen Bildhauer der damaligen Zeit mitgearbeitet hatten. Die Originale sind heute größtenteils im Britischen Museum in London zu sehen, auf dem Ausgrabungsgelände werden Gipsabgüsse des Frieses mit der Amazonenschlacht gezeigt.

Wenn noch Zeit bleibt

Wer studieren statt shoppen mag, schaut sich auch das antike **Theater**

5 am Hang oberhalb des Zentrums an und fährt zum **Myndos-Tor** 6, einem aufwendig restaurierten Stadttor aus hellenistischer Zeit. Wer lieber schaut, was die heutige Türkei dem Touristen an Souvenirs und Kunsthandwerk zu bieten hat, kreuzt durchs Bazar-Viertel der Altstadt. Weitaus ursprünglicher freilich ist die Umgebung der **Markthalle** 7, wo auch die Menschen vom Lande einkaufen. Für ein Mittagessen bieten sich die vielen Restaurants am alten Hafen an – für Fisch empfehlen sich die Lokale am **Fischmarkt** 8.

Info

Kreuzfahrerburg St. Peter/Museum 2: Mo geschl., sonst Mai–Sept. 9–19 Uhr (Winter bis 17 Uhr), Eintritt ca. 5 €. **Sonderausstellung Schiffswracks:** Di–So 9–12 und 14–18.30 Uhr, Eintritt ca. 2,50 €, jeweils max. 10 Personen. **Sonderausstellung Karische Prinzessin:** Di–Fr 10–12 und 14–16 Uhr, Eintritt ca. 2,50 €, jeweils max. 8 Personen.
Vorab-Info: www.bodrum-museum.com.

Mausoleum 4: Di–So 8.30–18 Uhr, Eintritt ca. 4 €.
Theater 5: Di–So 8.30–17.30 Uhr, Eintritt ca. 4 €.
Myndos-Tor 6: frei zugänglich.

Duty-free und Zollvorschriften

Im Terminalgebäude am Neuen Hafen, vor dem die Ausflugsschiffe aus Kos anlegen, kann vor der Rückfahrt steuerfrei eingekauft werden. Das lohnt vor allem bei Parfums. Zollvorschriften bei Einfuhr in die EU s. S. 18.

Sprachführer Griechisch

Umschrift

Auch ohne griechische Sprachkenntnisse kommt man heute überall in Griechenland zurecht; die meisten Griechen sprechen zumindest Englisch. Hinweisschilder sind in der Regel auch in lateinischen Buchstaben abgefasst. Dennoch empfiehlt es sich, ein wenig Griechisch zu lernen; man kommt schneller zurecht und wird häufig auch freundlicher behandelt. Jedoch muss man auf die richtige Betonung achten, die durch den Akzent angegeben wird.

Das griechische Alphabet

		Aussprache	Umschrift
Α	α	a	a
Β	β	w	v, w
Γ	γ	j vor e und i, sonst g	g, gh, j, y
Δ	δ	wie engl. th in ›the‹	d, dh
Ε	ε	ä	e
Ζ	ζ	s wie in ›Sahne‹	z, s
Η	η	i	i, e, h
Θ	ϑ	wie engl. th in ›thief‹	th
Ι	ι	i, wie j vor Vokal	i, j
Κ	κ	k	k
Λ	λ	l	l
Μ	μ	m	m
Ν	ν	n	n
Ξ	ξ	ks, nach m oder n weicher: gs	x, ks
Ο	ο	o	o
Π	π	p	p
Ρ	ρ	gerolltes r	r
Σ	σ	s wie in ›Tasse‹	ss, s
Τ	τ	t	t
Υ	υ	i	i, y
Φ	φ	f	f, ph
Χ	χ	ch	ch, h, kh
Ψ	ψ	ps	ps
Ω	ω	offenes o	o

Buchstabenkombinationen

ΑΙ	αι	ä	e
ΓΓ	γγ	ng wie in ›lang‹	ng, gg
ΕΙ	ει	i wie in ›lieb‹	i
ΕΥ	ευ	ef wie in ›heftig‹	ef, ev
ΜΠ	μπ	b im Anlaut, mb im Wort	B, mp, mb
ΝΤ	ντ	d im Anlaut, nd im Wort	D, nd, nt
ΟΙ	οι	i wie in ›Liebe‹	i
ΟΥ	ου	langes u	ou, u

Begrüßung und Höflichkeit

Guten Tag	kali méra
Guten Abend	kali spéra
Gute Nacht	kali níchta
Hallo, Tschüss (Du-Form/Sie-Form)	jassú/jassás
Auf Wiedersehen	adío (adíosas)
Gute Reise	kaló taxídi
Bitte	parakaló
Bitte sehr	oríste
Danke (vielmals)	efcharistó (polí)
Ja	ne (sprich: nä)
Jawohl	málista
Nein	óchi (sprich: órchi)
Nichts, keine Ursache	típota
Entschuldigung	signómi
Macht nichts	dhen pirási
In Ordnung, okay	endáxi

Reisen

Straße/Platz	odós/platía
Hafen	limáni
Schiff	karávi
Bahnhof/Busstation	stathmós
Bus	leoforío
Haltestelle	stásis
Flughafen	aerodrómio
Flugzeug	aeropláno
Fahrkarte	issitírio
Motorrad	motosiklétta
Fahrrad	podílato
Auto	aftokínito
rechts/links	deksjá/aristerá
geradeaus	efthían
hinter, zurück	píso
weit/nah	makría/kondá
heute/morgen	símera/ávrio
früh/spät	énoris/árja
geschlossen	klistó

Bank, Post

Bank/Bankautomat	trápesa/ATM
Quittung, Beleg	apódixi

Sprachführer

Postamt	tachidromío	zwei Portionen	dío merídes
Briefmarken	grammatóssima	Speisekarte	katálogos

Arzt, Notfall

		Adjektive	
Arzt/Arztpraxis	jatrós/jatrío	gut/schlecht	kalós/kakós
Krankenhaus	nossokomío	groß/klein	megálos/mikrós
Apotheke	farmakío	neu/alt	néos/paljós
Hilfe!	voíthia	heiß/kalt	sestó/krío
Polizei	astinomía		
Unfall/Panne	atíchima/pánna	**Zahlen**	

Einkaufen

Kiosk	períptero	1 éna (m), mía (f)	40 saránda
Laden	magasí	2 dhío (sprich: sio)	50 penninda
Bäckerei	foúrnos	3 tría, trís	60 exínda
Fleisch/Fisch	kréas/psári	4 téssera, tésseris	70 evdomínda
Käse/Eier	tirí/avgá	5 pénde	80 októnda
mit/ohne	me/chorís	6 éxi	90 enenínda
Milch/Zucker	gála/sáchari	7 eftá	100 ekató
Brot	psomí	8 októ	200 diakósja
Gemüse	lachaniká	9 enéa	300 triakósja
Wasser	neró	10 déka (seka)	400 tetrakósja
– mit Kohlensäure	sóda	11 éndeka	500 pendakósja
Bier	bíra (Pl. bíres)	12 dodéka	600 exakósja
Wein	krassí	13 dekatría, usw.	700 eptakósja
eine Portion	mía merída	20 íkossi	800 oktakósja
		21 íkossi éna, usw.	900 enjakósja
		30 triánda	1000 chílja

Die wichtigsten Sätze

Allgemeines
Ich heiße … !   Me léne … !
Wie geht es dir?   Ti kánis?
Geht's dir gut?   Ísse kaló (m)/kalá (f)?
Sehr gut!   Polí oréo!
Prost!   Jámmas!
Ich verstehe nicht.   Dhen katalavá.
Woher kommst Du?   Apo poú ísse?
Wie spät ist es?   Ti óra íne?
Ich habe es eilig!   Viássome!
Lass uns gehen!   Páme
Zahlen bitte!   Na plirósso, parakaló!

Unterwegs
Wo ist …?   Poú íne …?
Wo fährt der Bus nach … ab?   Poú févji to leoforío ja …?
Wann fährt er/sie/es?   Póte févji?
Wann kommt er/sie/es an?   Póte ftáni?
Ein Ticket nach …, bitte!   Énna issitírio ja …, parakaló!
Wie viele Kilometer sind es bis …?
Póssa chiljómetra sto …?
Ich habe ein Zimmer reserviert.   Krátissa énna domátio.

Notfall
Ich möchte telefonieren.   Thélo ná tilefonísso.
Ich suche eine Apotheke.   Thélo ná vró éna farmakío.
Wo ist die Toilette, bitte   Pú íne i tualétta, parakaló?

Einkaufen
Was wünschen Sie?   Tí thélete?
Bitte, ich möchte …   Parakaló, thélo …
Kann ich … haben?   Boró na écho … ?
Was kostet das?   Pósso káni afto?
Ich nehme es!   To pérno!
Das ist teuer!   Íne akrivó!
Es gefällt mir (nicht).   (Dhen) m'aréssi.

113

Kulinarisches Lexikon

Frühstück

avgá mátja	Spiegeleier
avgá me béikon	Eier mit Speck
voútiro	Butter
chimó portokáli	Orangensaft
giaoúrti (yaoúrti)	Joghurt
… me karídia	… mit Walnüssen
… me méli	… mit Honig
kafé me gála	Kaffee mit Milch
keik	Mürbteigplätzchen
loukániko	Wurst
marmeláda	Konfitüre
méli	Honig
psomí	Brot
psomáki	Brötchen
sambón	Schinken
tirí	Käse
tsái	Tee

Suppen

fassoláda	Bohnensuppe
kakavjá (auch: psarósoupa)	Fischbrühe, dazu ein Fisch nach Wahl
kreatósoupa	trübe Fleischbrühe
patsá	deftige Kuttelsuppe mit Innereien
tomátosoupa	Tomatensuppe

Salate und Pürees

angoúro saláta	Gurkensalat
choriátiki saláta	›Griechischer Salat‹
chórta saláta	Mangoldsalat
gígantes (jígandes)	große weiße Bohnen in Tomatensauce
láchano saláta	Krautsalat
maroúli saláta	Blattsalat
melindzáno saláta	Auberginenpaste
skordaliá	Kartoffelpaste mit Knoblauch
táramo saláta	Fischrogen-Püree
tomáto saláta	Tomatensalat
tónno saláta	Thunfischsalat
tzatzíki (dsadsíki)	Joghurt mit Gurken und Knoblauch

Fisch und Meeresfrüchte

astakós	Languste
barboúnja	Rotbarbe
fangrí	Zahnbrasse
garídes	Scampi
glóssa	Scholle oder Seezunge
kalamarákja	Calamares
ksifiás	Schwertfisch
lavráki	Barsch
mídja	Muscheln
chtapódi saláta	Oktopussalat
solomós	Lachs
soupjés	Sepia (Tintenfisch)
stríthja	Austern
tónos	Tunfisch
tsipoúra	Dorade (Goldbrasse)

Fleischgerichte

arnáki, arní	Lammfleisch
pansétta	Schweinerippchen
békri mezé	eine Art Gulasch mit Kartoffeln, scharf
biftéki	Frikadelle mit Käse
brizóla	Kotelett
chirinó	Schweinefleisch
gída	Ziege
gourounópoulo	Spanferkel
gouvarlákja	Hackfleischbällchen in Zitronensauce
giouvétsi (juvétsi)	Kalbfleisch mit Reisnudeln in Tomatensauce
katsíki	Zicklein
keftédes	Hackfleischbällchen in Tomatensauce
kokkinistó	Rindfleisch in Rotweinsauce
kokorétsi	Innereien, gegrillt
kotópoulo	Hühnchen
kounélli	Kaninchen
kreatópitta	Blätterteigtasche mit Fleischfüllung
loukaniká	Landwürstchen
makarónja me kimá	Spaghetti mit Hackfleischsauce
mialá	Hirn
mouskári	Rindfleisch
moussaká	Auberginenauflauf
païdákja	Lammkoteletts
papoutsákja	gefüllte Auberginen
pastítsjo	Nudelauflauf mit Hackfleisch

Kulinarisches Lexikon

psitó	Braten
sikóti	gebratene Leber
stifádo	Fleisch mit Zwiebeln in Tomaten-Zimt-Sauce
soutzoukákia (sudsukakja)	Hackfleischrollen in Tomatensauce mit Kreuzkümmel
souvláki	Fleischspieß (Rind oder Schwein)

Gemüse

briam	Schmorgemüse
bámjes	Okraschoten
eljés	Oliven
fakés	Linsen
fassólja	grüne Bohnen
gemistés (jemistés)	gefüllte Tomaten oder Paprikaschoten
kolokithákja	Zucchini
kounoupídi	Blumenkohl
láchano dolmádes	gefüllte Kohlblätter
melindsánes	Auberginen
spanáki	Spinat
tourloú	Gemüseeintopf
toursí	Mixed Pickles

Obst

achládi	Birne
fráules	Erdbeeren
karpoúsi	Wassermelone
kerássja	Kirschen
lemóni	Zitrone
mílo	Apfel
peppóni	Honigmelone
portokáli	Orange
rodákino	Pfirsich
síko	Feige
staffíli	Weintrauben

Desserts

froútto saláta	Obstsalat
karidópitta	Walnusskuchen
loukoumádes	frittierte Hefeigbällchen mit Zuckersirup
milópitta	Apfelkuchen
pagotó	Eiscreme
revaní	Grießkuchen
risógalo	Reispudding
tirópitta	Blätterteig mit Käse

Getränke

bíra	Bier
chimó	Saft
gála	Milch
kanelláda	Zimt-Limonade
kafés ellinikós	griechischer Kaffee
kafés fíltro	Filterkaffee
krassí	Wein
lemonáda	Limonade
neró	Wasser
portokaláda	Orangeade
soumáda	Mandelmilch
tsái	Tee
tsípouro	Tresterschnaps

Im Restaurant

Die Speisekarte, bitte.	To katálogo, parakaló
Was empfehlen Sie?	Tí sistínete?
Was wünschen Sie?	Tí thélete?
Ich möchte …!	Thélo …!
Eine Flasche Retsina, bitte	Éna boukáli retsína, parakaló
Darf ich ein Glas Wasser haben?	Boró ná écho éna potíri neró?
Die Rechnung, bitte.	To logarjasmó, parakaló
Guten Appetit!	Kalí orexí!
Prost!	Jammás!
Kellner/in	kírie (Herr), kiría (Dame)
Salz	aláti
Pfeffer	pipéri
Milch	gála
Brot	psomí
Wasser	neró
Zucker	záchari
Tasse	flidzáni
Teelöffel	koutaláki
Löffel	koutáli
Messer	machéri
Gabel	piroúni
Glas	potíri
Teller	piátto
Zahnstocher	odondoglifídes
Serviette	petsétta (serviétta = Damenbinde!)

Register

Adrióti, Nís. 96
Afendoúlis 43
Agia Ekaterini, Kál. 99
Agia Paraskeví 38
Ágios Antónios 65
Ágios Fókas 53
Ágios Fokás Beach 54
Ágios Geórgios Laizos 74
Ágios Ioánnis Thymianós 87
Ágios Ioánnis, Nís. 94
Ágios Mámas 87
Ágios Stéfanos Beach 84
Ágios Theológos 87
Alassárna Kulturfestival 20
Albergo Gelsomino 30
Alexander der Große 12
Alexander-Altar 38
Aléxandros **47,** 49
Alfa Horse 72
Altertümer 43
Altstadt 43
Ampávris 44
Andréas 63
Anreise 18
Antike 12
Antike Agorá 36
Antimáchia 19, **76,** 77
Apartments 15
Apokalypse, Grotte, Pát. 104
Apostólis 72
Archäologisches Museum 37
Archäologisches Museum, Kál. 98
Archäologisches Museum, Rho. **106,** 108
Arian Diving Center 80
Áriston **46,** 49
Art Café, Pát. 104
Asiklipios-Tempel 61
Asklipieion 59
Ástron 43
Ausflüge 24, 90

B52 87
Baden 23
Bananas 23
Bar Street 45
Basilika Ágios Ioánnis 73
Basilika Ágios Stéfanos 85
Beautiful Greece 68, 69
Big Blue Surf Centre 53
Bischofskirche, Rho. 107
Bodrum 7, 91, **109**
Bootsausflüge 89
Bubble Beach 82
Bus Stop Gallery 71
Busse 26
Byzantinische Zeit 12

Café Ciao **47,** 49
Café Mylópetra 78
Café Oría 65
Caldera, Nís. 94
Camel Beach 84
Carávia Beach 72
Casa Romana 39
Castle 76
Cava d'Oro 72
Chóra, Pát. 103
Christos Go-Karts 73
Costa Angela 50

Dancing Insel 73
Dásos Plákas 76
Decumanus 41
Defterdar-Moschee 38
Dimitra Beach 54
Dodekanes 8, 109
Drósos 71

Edmark 52
Einkaufen 72
Einreise 18
Einwohner 8
Elaia **47,** 49
Elli Beach, Rho. 108
Emborió, Nís. 95
Embrós Thérme 7, **54**
Ermäßigungen 21
Esperides 54

Essen und Trinken 76
Evkáliptos 51

Fähren 18, **91**
Fährentickets 92
Fantasia 65
Fáros 88
Fashion Club 45
Feiertage 19
Feste 19
Festivals 19, 20
Flamingo Club 80
Flughafen 18
Flugzeug 18
Foreign Press 45
Freilichtkino Orféas 45
Ftochi Kalyva 68
Fundbüro 20

Galatéa 45
Galini, Pát. 104
Genesis 80
Genésis tis Theotókou 79
Gerichtsgebäude 30
Geschichte 12
Gesundheit 20
Giali, Nís. 94
Go-Karts 23
Gottesdienste 50
Grafiótissa Beach, Psé. 102
Großmeisterpalast, Rho. **106,** 108

Hadji-Hassan-Moschee 9, 31
Hamam Club 45
Hamam Oriental **47,** 49
Harem 45
Harmylos-Grab 70
Haustiere 19
Health Film Festival 20
Heaven Disco 51
Hellenismus 12
Hippokrates 60
Hotel des Roses, Rho. 107

Register

Hotels 14
I Oréa Elláda 68
Ibrahim-Pascha-Moschee, Rho. 106
Images Club 73
Info 46
Information 81
Inselhüpfen 91
Internet 21
Ippokratia Kulturfestival 20
Iríni, Nís. 96
Italiener 12
Johannes-Kloster, Pát. 104
Johanniterburg St. Peter, Bod. **110,** 111
Johanniterkastell 32
Jolly Roger 80
Jüdischer Friedhof 57

Kafenío im Gerichtsgebäude 43
Kali Kardiá 75
Kálimnos 75
Kálymnos 7, 90, **97**
Kámbos 6
Kantina 55
Kap Fokás 6, **53,** 54
Kardámena 6, 19, 20, **79**
Karneval 19
Kastell von Antimáchia 76
Kastri 84
Kata Beach 87
Katerina 88
Kéfalos 19, 85
Kímissis tis Theotókou 64
Kinder 21
Klima 22
Kloster der Apokalypse, Pát. 103
Kon Tiki, Rho. 108
Kos Aktís 43
Kos-Stadt 6, 8, **30**
Krankenhaus 20
Kreuzritter 12

Lagas Aegean Village 77
Lagoúdi 19, **66**
Lambí 6, **50**
Langádes Beach 83
Léei 51
Lido Water Park 75
Limiónas 85

Loggienmoschee 31

Magic Beach 82
Mama Sofia, Rho. 108
Mandarinental, Kál. 98
Mandráki-Hafen, Kos 38
Mandráki-Hafen, Rho. 107
Mandráki, Nís. 93, **94**
Marathónda Beach, Psé. 102
Mariánthi 64
Márkos Beach 83
Markthalle, Kos-Stadt 45, **48,** 49
Markthalle, Bod. 111
Marmári 6, **72**
Mascot Disco Bar 64
Mastichári 6, **73**
Mausoleum von Halikarnássos, Bod. **110,** 111
Mavromátis 53
Megálo Mýlos 88
Mietwagen 18, 27
Mini Train 50
Mosaike 40, 41
Moto Harley 45
Motorrad 27
Mountainbikes 88
Murad Reis Moschee, Rho. 107
Mýlos 51
Myndos-Tor, Bod. 111
Mythen 44

Nationalfeiertage 20
Natur 8
Néa Dimokratía 13
Neptune 74
Nerátzia, Burg 32
Nikiá, Nís. 93, 96
Níssyros 7, 81, 90, **93**
Notfall 24
Number One Bar 75
Nymphäum 41

Odeon 40
Öffnungszeiten 23
Okeanis 52
Old Pyli 70
Olympia Mare 79

Orthodoxie 9
Ostern 19

Palatia 87
Palékastro, Nís. 94
Paléo Pilí 65
Páli, Nís. 93, 95
Panagía Kastrianí 86
Panagia Potamítissas, Nís. 94
Panagía Spilianí, Fähre 81, 91
Panagía Spilianí, Nís. 94
Panagía Theotókou Genesiou 66
Panagía ton Kastrianón 65
Panigíria 19
Panórama 85
Pantélis, Pát. 104
Paradise Beach 83
Paradosiakó Spíti 76
Parasailing 24
PASOK 13
Passagio **47,** 49
Pátmos 7, 90, **103**
Pilí 19, **70**
Pláka-Wald 76
Platane des Hippokrates 31
Platáni 56
Platía Ariónos, Rho. 106
Platía Doriéos, Rho. 106
Platía Ilikioméni, Nís. 95
Plóri 63
Polémi Beach 82
Popeye's Bar 89
Porfyris, Nís. 96
Poté tin kyriakí 47
Psalídi 6, **52**
Psaropoúla 43
Psérimos 90, **101**
Pyli Arnáldo, Rho. 105, 106

Radfahren 24
Rauchen 23
Reiseinfos 18
Reisezeit 22
Reiten 42, 72, 73
Remko & Ria 71
Restaurants 16
Rhodos 7, 91, **104**
Ritterstadt, Rho. 105
Ritterstraße, Rho. 106

117

Register

Romantzo, Nís. 96
Römische Zeit 12
Römisches Reich 12

Saline Alikés 63
Salt Lake Riding Centre 73
Säulenhalle 41
Schwammtaucher-Museum, Kál. 97
Seagull 525
See Breeze 74
Segeln 24
Sicherheit 24
Siwa 89
Skála, Pát. 103, 104
Spýros 53
Stadtbusse 26
Stadtmauer, Rho. 108
Stamatía 88
Status Disco Club 80
Stavrós, Nís. 94
Strand von Kos-Stadt 7
Strände 6
Studios 15
Stadium 45
Süleyman-Moschee, Rho. 106
Sunny Beach 83
Sunny Day's 63
Sunset Balcony 64

Super Market Konstaninos 64
Supermarket Constantinos 72
Supermarket Marinópoulos 45
Surfen 25
Survivor 89
Synagoge Kahal Shalom, Rho. 107, 108

Ta Adélfia 80
Tagesausflüge 90
Tam-Tam 75
Tanken 27
Tauchen 25, 50
Taxi 26
The Old Spring (Paliá Pigí) 71
Theater, Bod. 110, 111
Thérma 55
Tigáki 6, **55**
Tigáki Beach 63
To Ampéli 63
To Kazanário, Nís. 96
Toiletten 26
Touristeninformation 21, 50
Traditional Greek House 75
Traditional House Antimáchia 77
Tropical Island 51

Türkei 90, **109**
Türkenherrschaft 12

Umwelt 11, 27

Vathý, Kál. 98
Verkehrsmittel 26
Verkehrsregeln 27
Via Cardo 41
Vouvális-Villa, Kál. 98
Vulkan-Museum, Nís. 93, 96

Wandern 25
Wassersport 64, 73, 75, 80
Wellness 26
Westliche Ausgrabungen 40
Westthermen 41
Windmühle 77
Windsurfing 89

Xénios Zeus (Cafe Bar) 57

Zentralthermen 40
Zeus 88
Ziá 64
Zoll 18
Zoom Club 81
Zwilling/Twins 72

Das Klima im Blick — atmosfair

Reisen bereichert und verbindet Menschen und Kulturen. Wer reist, erzeugt auch CO_2. Der Flugverkehr trägt mit einem Anteil von bis zu 10 % zur globalen Erwärmung bei. Wer das Klima schützen will, sollte sich für eine schonendere Reiseform (z. B. die Bahn) entscheiden – oder die Projekte von *atmosfair* unterstützen. *Atmosfair* ist eine gemeinnützige Klimaschutzorganisation. Die Idee: Flugpassagiere spenden einen kilometerabhängigen Beitrag für die von ihnen verursachten Emissionen und finanzieren damit Projekte in Entwicklungsländern, die dort den Ausstoß von Klimagasen verringern helfen. Dazu berechnet man mit dem Emissionsrechner auf *www.atmosfair.de*, wie viel CO_2 der Flug produziert und was es kostet, eine vergleichbare Menge Klimagase einzusparen (z. B. Berlin – London – Berlin 13 €). *Atmosfair* garantiert die sorgfältige Verwendung Ihres Beitrags. Klar – auch der DuMont Reiseverlag fliegt mit *atmosfair*!

Autor | Abbildungsnachweis | Impressum

Unterwegs mit Klaus Bötig
Der Bremer Griechenland-Experte und Reisejournalist Klaus Bötig kennt Kos und seine Nachbarinseln seit 1974. Er ist mehrmals im Jahr und zu verschiedenen Jahreszeiten zwecks Recherchen dort. Er schätzt die Inseln des nördlichen Dodekanes zwischen Pátmos und Níssyros ganz besonders, weil sie so grundverschieden und zugleich sehr gut untereinander verbunden sind. Bei den Recherchen zu Szene-Treffs und Nachtleben hat Stephanie Klotz mitgewirkt. Klaus Bötig hat bei DuMont weitere Reiseführer zu Griechenland veröffentlicht. Aktuelle Reiseblogs des Autors finden Sie unter www.klaus-boetig.de.

Abbildungsnachweis
Bildagentur Huber, Garmisch-Partenkirchen: S. 17
Klaus Bötig, Bremen: S. 56, 88, 120
Rainer Hackenberg, Köln: S. 4/5
Frank Ihlow, Potsdam: S. 66
Laif, Köln: S. 98 (Amme); 39, 48, 101, 103 (Gonzalez); 31, 41, 109 (hemis.fr/Guiziou); 7, 9 (IML/Atsametakis); 44 (IML/Hapsis); 97 (IML/Moustafellou); 107 (Invision/Ganatsios); 93 (Invision/Kaltsis); 13, 32, 36, 105 (Jaschinski)
Mauritius Images, Mittenwald: S. 71 (AGE); 46, 48 (Clasen); 15, 28/29, 54, 80 (Habel); 84 (JIRI); Titelbild, 59, 81 (Imagebroker/Kreder); 74, 77, 87 (Laue); 50/51, Umschlagrückseite (Moxter); Umschlagklappe vorne (Plant)

Kartografie
DuMont Reisekartografie, Fürstenfeldbruck
© DuMont Reiseverlag, Ostfildern

Umschlagfotos
Titelbild: Taverne in Kos-Stadt
Umschlagklappe vorne: Am Hafen von Kos-Stadt

Hinweis: Autor und Verlag haben alle Informationen mit größtmöglicher Sorgfalt geprüft. Gleichwohl sind Fehler nicht vollständig auszuschließen. Alle Angaben erfolgen ohne Gewähr. Bitte schreiben Sie uns! Über Ihre Rückmeldung zum Buch und Verbesserungsvorschläge freuen sich Autor und Verlag:
DuMont Reiseverlag, Postfach 3151, 73751 Ostfildern,
info@dumontreise.de, www.dumontreise.de

1. Auflage 2011
© DuMont Reiseverlag, Ostfildern
Alle Rechte vorbehalten
Redaktion/Lektorat: Hans E. Latzke
Grafisches Konzept: Groschwitz/Blachnierek, Hamburg
Printed in Germany